Das Geheimnis von Weihnachten

Ein kleines Lesebuch
zum großen Fest

camino.

MIX
Papier | Fördert
gute Waldnutzung
FSC® C083411

Klimaschutz-Beitrag
CO2-Zertifikate

1. Auflage 2024
Ein camino.-Buch aus der

Gesamtgestaltung und Satz: Finken & Bumiller, Stuttgart
Umschlagmotiv: shutterstock.com, SUBOS, shutterstock.com, Lisla
Hersteller gemäß ProdSG:
Druck und Bindung: CPI books GmbH, Birkstr. 10, 25917 Leck
Verlag: Verlag Katholisches Bibelwerk GmbH,
Silberburgstr. 121, 70176 Stuttgart

www.bibelwerkverlag.de
ISBN 978-3-96157-207-6

Inhalt

Ein Wort zuvor

Das Geheimnis von Weihnachten liegt in der Luft, wenn die ersten Schneeflocken leise zu Boden fallen, wenn die erste Kerze am Adventskranz entzündet wird, der Duft von Zimtsternen durch die Wohnung zieht ... und die Welt langsam zu einem funkelnden Winterwunderland wird. Es ist die Zeit, in der wir an Wunder glauben und unsere Herzen sich öffnen, um Liebe und Freude zu teilen.

Zumindest spiegeln diese Vorstellungen unsere Wünsche und Sehnsüchte. Denn kurz vor Weihnachten sieht es oft anders aus: die letzten Geschenke müssen noch besorgt werden, der Baum steht noch nicht, das Essen für die Festtage muss eingekauft werden und die letzten Karten geschrieben und verschickt werden ... Alles soll möglichst perfekt sein für das Fest. In all dem

Trubel vergessen wird dabei manchmal fast die weihnachtliche Botschaft: Gott wird Mensch. Ganz unscheinbar als kleines Kind in einem einfachen Stall kommt Gott zu uns, kommt Gott uns nahe. Er schenkt uns seine bedingungslose Liebe. Nehmen Sie sich bewusst Zeit, um dem Geheimnis von Weihnachten nachzuspüren.

Dieses Buch versammelt rund um die Advents- und Weihnachtszeit klassische und aktuelle Geschichten, Gedanken und Impulse, Legenden und Brauchtum, traditionelle Weihnachtsgedichte und schöne Bibelverse. Viele Texte eignen sich gut zum Vorlesen oder zur Gestaltung einer Weihnachtsfeier. Das Kapitel »Weihnachten zu Hause feiern« enthält eine kleine Andacht, mit der Sie den Heiligen Abend festlich gestalten können.

Genießen Sie eine besinnliche Advents- und Weihnachtszeit!

Gedichte für eine stimmungsvolle Zeit

Die heilige Nacht

Gesegnet sei die heilige Nacht,
die uns das Licht der Welt gebracht!

Wohl unterm lieben Himmelszelt
Die Hirten lagen auf dem Feld.

Ein Engel Gottes, licht und klar,
mit seinem Gruß tritt auf sie dar.

Von Angst sie decken ihr Angesicht,
da spricht der Engel: »Fürcht't euch nicht!«

»Ich verkünd euch große Freud:
Der Heiland ist geboren heut.«

Da gehen die Hirten hin in Eil,
zu schaun mit Augen das ewig Heil;

zu singen dem süßen Gast Willkomm,
zu bringen ihm ein Lämmlein fromm.

Bald kommen auch gezogen fern
Die heilgen drei König' mit ihrem Stern.

Sie knieen vor dem Kindlein hold,
schenken ihm Myrrhen, Weihrauch, Gold.

Vom Himmel hoch der Engel Heer
frohlocket: »Gott in der Höh sei Ehr!«

EDUARD MÖRIKE

Welch Geheimnis ist ein Kind

Welch Geheimnis ist ein Kind!
Gott ist auch ein Kind gewesen.
Weil wir Kinder Gottes sind,
kam ein Kind, uns zu erlösen.
Welch Geheimnis ist ein Kind!
Wer dies einmal je empfunden,
ist den Kindern alle Zeit
durch das Jesuskind verbunden.

CLEMENS BRENTANO

Ich danke Gott

Ich danke Gott und freue mich
wie's Kind zur Weihnachtsgabe,
dass ich bin, bin! Und dass ich dich,
schön menschlich Antlitz, habe;

dass ich die Sonne, Berg und Meer
und Laub und Gras kann sehen
und abends unterm Sternenheer
und lieben Monde gehen;

und dass mir dann zumute ist,
als wenn wir Kinder kamen
uns sahen, was der heil'ge Christ
bescheret hatte. Amen!

MATTHIAS CLAUDIUS

Wenn die Weihnacht kommt …

Wenn die Weihnacht kommt,
da werden Kinderaugen strahlen,
wird im Lichterglanz der Christbaum stehn,
wird sich Freude in den Augen malen,
die sonst keine Freude sehn.

Wenn die Weihnacht kommt,
wird Glück und Eintracht walten,
auch in Häusern, die kein Leid verschont,
wird der Friede seinen Einzug halten,
wo sonst Kampf und Sorge wohnt.

Wenn die Weihnacht kommt,
wird man vom Kind erzählen,
das in Betlehem geboren ward.

Wenn die Weihnacht kommt,
wird mancher fehlen,
der durch Krieg und Tod verloren ward.

Wenn die Weihnacht kommt,
soll man sich fragen,
ob's nicht besser wär'
und nicht so schwer,
wenn der Friede
nicht nur an den Feiertagen,
sondern allezeit auf Erden wär'.

Wenn die Weihnacht kommt,
soll man gut hören
in sich selbst hinein wie im Gebet.
Wenn es Weihnacht ist,
soll man sich schwören,
dass nie wieder Krieg und Hass aufsteht.

MAX DAUTHENDEY

In der Krippe

Ein Knäblein liegt in der Krippe
mit Augen tief und klar,
ein Lächeln spielt um die Lippe
holdselig wunderbar.

Es hat den Blick erhoben,
grüßt mit der Hand und winkt,
wo durch das Dach von oben
ein Stern hell leuchtend blinkt.

Drei Könige folgen dem Sterne,
sie sind dem Kindlein hold
und bringen aus weiter Ferne
Ihm Weihrauch, Myrrhen und Gold.

JULIUS STURM

Im Winterwalde

Es treibt der Wind im Winterwalde
Die Flockenherde wie ein Hirt
und manche Tanne ahnt, wie balde
sie fromm und lichterheilig wird,
und lauscht hinaus, den weißen Wegen
streckt sie die Zweige hin, bereit –
und wehrt dem Wind und wächst entgegen
der einen Nacht der Herrlichkeit.

RAINER MARIA RILKE

Die Heil'gen Drei Könige

Die Heil'gen Drei Könige aus dem Morgenland,
sie frugen in jedem Städtchen:
»Wo geht der Weg nach Betlehem,
ihr lieben Buben und Mädchen?«

Die Jungen und Alten, sie wussten es nicht,
die König zogen weiter;
sei folgten einem goldenen Stern,
der leuchtet lieblich und heiter.

Der Stern blieb stehen über Josefs Haus,
da sind sie hineingegangen;
das Öchslein brüllte, das Kindlein schrie,
die Heil'gen Drei Könige sangen.

HEINRICH HEINE

Es gibt so wunderweiße Nächte

Es gibt so wunderweiße Nächte,
drin alle Dinge Silber sind.
Da schimmert mancher Stern so lind,
als ob er fromme Hirten brächte
zu einem neuen Jesuskind.
Weit wie mit dichtem Diamantstaube
bestreut, erscheint Flur und Flut,
und in die Herzen, traumgemut,
steigt ein kapellenloser Glaube,
der leise seine Wunder tut.

RAINER MARIA RILKE

Weihnachtslied

Vom Himmel in die tiefsten Klüfte
Ein milder Stern hernieder lacht;
Er brennt der Baum, ein süß' Gedüfte
Durchschwimmet träumerisch die Lüfte,
Und kerzenhelle wird die Nacht.

Mir ist das Herz so froh erschrocken,
Das ist die liebe Weihnachtszeit!
Ich höre fernher Kirchenglocken
Mich lieblich heimatlich verlocken
In märchenstille Herrlichkeit.

Ein frommer Zauber hält mich wieder,
Anbetend, staunend muss ich stehn;
Es sinkt auf meine Augenlieder
Ein goldner Kindertraum hernieder,
Ich fühl's, ein Wunder ist geschehn.

THEODOR STORM

Der Stern

Hätt einer auch fast mehr Verstand
als wie die drei Weisen aus Morgenland
und ließe sich dünken, er wär wohl nie
dem Sternlein nachgereist wie sie;
dennoch, wenn nun das Weihnachtsfest
seine Lichtlein wonniglich scheinen lässt,
fällt auch auf sein verständig Gesicht,
er mag es merken oder nicht,
ein freundlicher Strahl
des Wundersterns von dazumal.

WILHELM BUSCH

Wohl tausendmal

Und wär das Kind
Wohl tausendmal in Betlehem
geboren
und nicht in dir,
du bliebest
ewiglich verloren.

ANGELUS SILESIUS

Die Heilige Nacht

So war der Herr Jesus geboren
im Stall bei der kalten Nacht.
Die Armen, die haben gefroren,
den Reichen war's warm gemacht.

Sein Vater ist Schreiner gewesen,
die Mutter war eine Magd,
sie haben kein Geld besessen,
sie haben sich wohl geplagt.

Die Engel, die haben gesungen,
dass wohl ein Wunder geschehn.
Da kamen die Hirten gesprungen
und haben es angesehn.

Die Hirten, die will es erbarmen,
wie elend das Kindlein sei.
Es ist eine G'schicht für die Armen,
kein Reicher war nicht dabei.

LUDWIG THOMA

Das Weihnachts-bäumlein

Es war einmal ein Tännelein
Mit braunen Kuchenherzlein
und Glitzergold und Äpflein fein
und vielen bunten Kerzlein:
Das war am Weihnachtsfest so grün
Als fing es eben an zu blühn.

Doch nach nicht gar zu langer Zeit,
da stands im Garten unten,
und seine ganze Herrlichkeit
war, ach, dahingeschwunden.
Die grünen Nadeln warn verdorrt,
die Herzlein und die Kerzlein fort.

Bis eines Tags der Gärtner kam,
den fror zu Haus im Dunkeln,
und es in seinen Ofen nahm –
Hei! Tats da sprühn und funkeln!
Und flammte jubelnd himmelwärts
In hundert Flämmlein an Gottes Herz.

CHRISTIAN MORGENSTERN

Gottes Bild

Der Mensch war Gottes Bild.
Weil dieses Bild verloren,
wird Gott ein Menschenbild,
in dieser Nacht geboren.

ANDREAS GRYPHIUS

Liebe wird den Hass besiegen

Gute Nachrichte hallt wider von den Bergen;
man verkündet sie auch in den Tälern.
Menschen atmen auf, voller Hoffnung,
denn Gottes Liebe wurde offenbar im Kind,
das in der Krippe liegt –
es ist Christus, der Herr, unser Erlöser!
Freude herrscht unter allen Menschen,
denn geboren wurde der Heiland,
die Hoffnung für die ganze Welt.
Freude wohnt in den einfachen Hütten,
in den Elendsvierteln der Städte.
Arme und Schwache fassen neuen Mut,
denn Gott macht sich zu ihrem Bruder
im Kind in der Krippe –
es ist Christus, der Herr, unser Erlöser!
In Betlehem ist uns das Heil erschienen

und Gottes Wort wurde Mensch.
Liebe wird den Hass besiegen,
denn Gott hat uns die Hand gereicht
im Kind in der Krippe –
es ist Christus, der Herr, unser Erlöser!

AUS LATEINAMERIKA

Jesus kommt auf die Welt

Jesus kommt auf die Welt –
in unendlicher Liebe ...
Als Eltern hat er sich zwei
arme Arbeiterleute ausgesucht;
er rief arme Hirten an seine Krippe ...
Er lehrt uns Sanftmut und Zärtlichkeit;
die vertraute Gemeinschaft
mit den Armen und Notleidenden.

CHARLES DE FOUCAULD

Wir Heiligen Drei König'

Wir Heiligen Drei König',
wir kommen von fern,
wir suchen den Heiland,
den göttlichen Herrn.

Da steht vor uns
ein hell leuchtender Stern,
er winkt uns gar freundlich,
wir folgen ihm gern.

Er führt uns vorüber
vorm Herodes sei'm Haus,
da schaut der falsch' König
beim Fenster heraus.

Er winkt uns so freundlich:
»O kommt doch herein,
ich will auch aufwarten
mit Kuchen und Wein.«

»Wir können nicht weilen,
wir müssen gleich fort,
wir müssen uns eilen
nach Betlehems Ort.

Es ward uns durch Gottheit
Die Kunde zuteil,
dass ein Kind ist geboren,
das der Welt bringt das Heil.«

Wir kommen im Stall an,
finden das Kind,
viel schöner und holder,
als Engel es sind.

Wir knien uns nieder
und beten es an,
o Herr, nimm die Gabe
aus Dankbarkeit an:

Gold, Weihrauch und Myrrhen,
das reichen wir dir,
führ du uns dann einstens
in den Himmel von hier!

ÜBERLIEFERT

Der Christbaum

Hörst auch du die leisen Stimmen
aus den bunten Kerzlein dringen?
Die vergessenen Gebete
aus den Tannenzweiglein singen?
Hörst auch du das schüchternfrohe,
helle Kinderlachen klingen?
Schaust auch du den stillen Engel
mit den reinen, weißen Schwingen?
Schaust auch du dich selber wieder fern
und fremd nur wie im Traume?
Grüßt auch dich mit Märchenaugen
deine Kindheit aus dem Baume?

ADA CHRISTEN

Weihnachtsschnee

Ihr Kinder, sperrt die Näschen auf,
es riecht nach Weihnachtstorten;
Knecht Ruprecht steht am Himmelsherd
und bäckt die feinsten Sorten.
Ihr Kinder, sperrt die Augen auf,
sonst nehmt den Operngucker;
die große Himmelsbüchse, seht,
tut Ruprecht ganz voll Zucker.
Er streut – na, das wird munter –
er schüttelt die Büchse und streut und streut
den ganzen Zucke runter.
Ihr Kinder, sperrt die Mäulchen auf,
schnell! Zucker schneit es heute!
Fangt auf! Holt Schüsseln! – Ihr glaubt es nicht?
Ihr seid ungläubige Leute!

PAULA DEHMEL

Handgeschriebene Weihnachtspost

Handgeschrieben Briefe und Karten sind etwas ganz Besonderes. Lassen Sie diese alte Tradition an Weihnachten doch wieder aufleben. Handgeschriebene Karten sind eine wunderbare Möglichkeit, lieben Menschen zu zeigen, dass wir an sie denken. Ein von Hand geschriebener Brief ist für den Empfänger oder die Empfängerin eine große Freude, weil es etwas ganz Persönliches ist. Manchmal fällt uns jedoch der Einstieg ins Schreiben schwer. Warum nicht mit einem Gedicht oder einem schönen Bibelvers beginnen?

Die schönsten Bibelverse zur Advents- und Weihnachtszeit

Das wahre Licht,
das jeden Menschen erleuchtet,
kam in die Welt.

JOH 1,9

Sie wird einen Sohn gebären;
ihm sollst du den Namen Jesus geben;
denn er wird sein Volk
von seinen Sünden erlösen.

MT 1,21

Der Engel sagte zu ihnen:
Fürchtet euch nicht, denn siehe, ich verkünde
euch eine große Freude,
die dem ganzen Volk zuteilwerden soll:
Heute ist euch in der Stadt Davids
der Retter geboren;
er ist der Christus, der Herr.

LK 2,10–11

Darum wird der Herr selbst euch
ein Zeichen geben:
Siehe, die Jungfrau hat empfangen,
sie gebiert einen Sohn und
wird ihm den Namen Immanuel geben.

JES 7,14

Über denen, die im Land
des Todesschattens wohnten,
strahlte ein Licht auf.

JES 9,1

Als aber die Zeit erfüllt war,
sandte Gott seinen Sohn,
geboren von einer Frau und dem Gesetz
unterstellt, damit er die freikaufe,
die unter dem Gesetz stehen,
und damit wir die Sohnschaft erlangen.

GAL 4,4–5

Ehre sei Gott in der Höhe
und Friede auf Erden
den Menschen seines Wohlgefallens.

LK 2,14

Denn ein Kind wurde uns geboren,
ein Sohn wurde uns geschenkt.
Die Herrschaft wurde auf seine Schulter gelegt.
Man rief seinen Namen aus:
Wunderbarer Ratgeber, Starker Gott,
Vater in Ewigkeit, Fürst des Friedens.

JES 9,5

Er hat uns einen starken Retter erweckt
im Hause seines Knechtes David.
So hat er verheißen von alters her durch
Den Mund seiner heiligen Propheten.

LK 1,69–70

Als sie den Stern sahen,
wurden sie von sehr großer Freude erfüllt.
Sie gingen in das Haus und sahen das Kind
und Maria, seine Mutter;
da fielen sie nieder und huldigten ihm.
Dann holten sie ihre Schätze hervor
und brachten ihm Gold, Weihrauch und
Myrrhe als Gaben dar.

MT 2,10–11

Du, Betlehem im Gebiet von Juda,
bist keineswegs die unbedeutendste unter
den führenden Städten von Juda;
denn aus dir wird ein Fürst hervorgehen,
der Hirt meines Volkes Israel.

MT 2,6

Und das Wort ist Fleisch geworden
und hat unter uns gewohnt
und wir haben seine Herrlichkeit geschaut,
die Herrlichkeit des einzigen Sohnes vom Vater,
voll Gnade und Wahrheit.

JOH 1,14

Denn die Gnade Gottes ist erschienen,
um alle Menschen zu retten.

TIT 2,11

Wir haben geschaut und bezeugen,
dass der Vater den Sohn gesandt hat
als Retter der Welt.

1 JOH 4,14

Siehe, jetzt ist sie da, die Zeit der Gnade;
Siehe, jetzt ist er da, der Tag der Rettung.

2 KOR 6,2

Juble laut, Tochter Zion!
Jauchze, Tochter Jerusalem!
Siehe, dein König kommt zu dir.

SACH 9,9

Durch die barmherzige Liebe unseres Gottes
wird uns besuchen
das aufstrahlende Licht aus der Höhe,
um allen zu leuchten,
die in Finsternis sitzen und im Schatten des Todes,
und unsre Schritte zu lenken
auf den Weg des Friedens.

LK 1,78–79

Aus dem Baumstumpf Isais
Wächst ein Reis hervor,
ein junger Trieb aus seinen Wurzeln bringt
Frucht.

JES 11,1

Weihnachtliche Bräuche und Legenden

Was bedeutet Advent?

Advent bedeutet Ankunft (von lat. *adventus* = Ankunft, Erwartung). Die Adventszeit umfasst die Zeitspanne der vier Sonntage vor Weihnachten. In dieser Zeit bereiten wir uns auf die Ankunft Gottes in der Welt vor. Gott kommt als Mensch, als Kind, auf diese Welt. In den Tagen des Advents bereiten wir uns auf dieses große Ereignis vor. An jedem Adventssonntag wird eine Kerze mehr am Adventskranz angezündet. Sie ist Symbol für das immer heller werdende Licht, dass Gott in unsere Dunkelheit sendet. Für viele Menschen ist die Adventszeit, die aufregendste Zeit im Jahr: Weihnachtsmärkte, Weihnachtsfeiern, Konzerte und Veranstaltungen, überall bunte Lichter und Weihnachtsschmuck. Das war nicht immer so. In früheren Zeiten war der Advent die »Stille Zeit«. Die Vorbereitung auf die Ankunft Jesu an Weihnachten war eine Zeit der Besinnung und Buße. Am Sankt-Katharina-Tag (25. November) durfte vor Beginn des Advents in den Wirtshäusern ein letztes Mal zum Tanz aufgespielt werden. »St. Kathrein stellt den Tanz ein«, hieß es im Volksmund. Danach wurden keine öffentlichen Vergnügungen, Tanzveranstaltungen oder Hochzeitsfeiern mehr abgehalten. Mit dem ersten Advent hatte das neue Kirchenjahr begonnen.

Seit wann gibt es den Adventskranz?

Das wohl bekannteste Symbol des Advents ist der Adventskranz. Die grünen Zweige des Kranzes sind ein Zeichen des Lebens und der Hoffnung, die mit der Geburt Jesu in die Welt kommen wollen. Schon in früher Zeit holten sich die Menschen im tiefen Winter immergrüne Zweige ins Haus. Durch sie fühlten sie sich vor den bösen Mächten geschützt, die sie in der Dunkelheit vermuteten und vor denen sie sich fürchteten. Den ersten Adventskranz schmückte der evangelische Theologe Johann Hinrich Wichern im Jahr 1839. Er leitetet das »Rauhe Haus«, ein Kinderheim in Hamburg. Es war noch nicht der Kranz in der Form, wie wir ihn heute kennen. Wichern schmückte einen Kronleuchter mit viel Tannengrün und steckte 24 Kerzen auf, um den Kindern die Zeit bis Weihnachten zu verkürzen. Aus diesem schönen Brauch – von der Jugendbewegung um die Jahrhundertwende aufgegriffen – entwickelte sich unser heutiger Adventskranz mit den vier Lichtern für die Adventssonntage. Ursprünglich vor allem in protestantischen Familien gepflegt, ist er heute überall gebräuchlich und als Zeichen der Vorweihnachtszeit nicht mehr wegzudenken.

Die Tage bis Weihnachten zählen

Das tun die Menschen schon seit vielen Jahrhunderten: In früheren Zeiten galt der Brauch, zu Beginn der Adventszeit 24 Kreidestriche an die Tür zu malen. Jeden Tag wischten die Kinder einen Strich weg, die Spannung stieg, bis das Christkind kam. Aus Skandinavien soll die Advents-Kerze stammen: vertikal in 24 Tage unterteilt, brannte man sie jeden Tag ein Stückchen ab, bis man unten am 24. Dezember angelangt war. Seit mehr als hundert Jahren gibt es maschinell gefertigte Adventskalender. Entworfen hat den ersten Adventskalender der Pfarrerssohn Gerhard Lang. Die Idee dazu stammt aus seiner Kindheit: Seine Mutter hatte einen Karton in 24 Kästchen unterteilt und darauf jeweils einen Lebkuchen befestigt. Statt der Lebkuchen verwendete Lang für seinen Kalender 24 bunte Bilder. Den ersten gedruckten Adventskalender mit 24 aufklappbaren Türchen, hinter den sich Bilder verbargen, konnten man im Jahr 1903 in München kaufen. Der Adventskalender war ein großer Erfolg und verbreitete sich weltweit.

Der Barbaratag am 4. Dezember

Die heilige Barbara, deren Fest am 4. Dezember gefeiert wird, war der Legende nach, eine schöne und kluge junge Frau. Sie stammte aus Nikomedien in Kleinasien (heute Izmir in der Türkei). Ihr Vater war ein reicher Kaufmann und als er eines Tages auf Reisen ging, lies Barbara sich taufen und wurde Christin. Als ihr Vater heimkam, wurde er sehr wütend und befahl er seiner Tochter den christlichen Glauben sofort aufzugeben. Aber vergeblich! Da lies ihr Vater sie zum Tode verurteilen und in ein dunkles Gefängnis sperren. Auf dem Weg dorthin – es war kalter Winter – verfing sich ein Kirschzweig, der vom Baum abgebrochen war, in Barbaras Kleid. Barbara nahm ihn mit ins Gefängnis und stellte ihn in einen mit Wasser gefüllten Becher. Am Tag ihrer Hinrichtung geschah dann etwas Wunderbares: Der Kirschzweig begann zu blühen, mitten im Winter. Als Barbara aus dem Gefängnis hinausgeführt und vor den Henker gebracht wurde, schaute sie den blühenden Zweig an und sagte: »Es schien mir, als ob du tot warst. Aber nun bist du aufgeblüht zu neuem Leben. So wird es auch mit mir geschehen. Wenn ich sterbe, werde ich verwandelt zu neuem blühendem Leben.«

Aus dieser Legende wurde der Brauch des Schneidens der Barbarazweige. Man hoffte, dass die Zweige – meist Kirsch-, Zwetschgen- und Forsythienzweige – wenn sie am 4. Dezember in eine Vase mit Wasser ins warme Zimmer gestellt wurden bis Weihnachten zum Grünen kamen. Die blühenden Zweige, so glaubte man früher, sollten Glück bringen. In Zahl und Pracht der Blüten sah man die Aussichten für das kommende Jahr, sei es in Bezug auf die Ernte, auf eine Hochzeit oder die Geburt eines Kindes. Selbst Zauberkraft schrieb man den Zweigen dort zu, wo man sie mit zur Christmette nahm.

Bischof Nikolaus

Wer kennt ihn nicht, den Nikolaustag am 6. Dezember! Vermutlich wurde Nikolaus um 280/286 in Patras in Griechenland geboren. Er war der Bischof von Myra in Kleinasien, der heutigen Türkei. Das war damals keine leichte Aufgabe. Die Christen wurden vom römischen Kaiser Galerius verfolgt. Trotzdem verbreitete Bischof Nikolaus mutig den Glauben an Christus. Er war ein sehr gütiger Mensch und half jedem, der in Not war. Ein besonderes Herz hatte er für die Kinder. Zahlreiche Legenden und Geschichten berichten über seine Freigebigkeit und Hilfsbereitschaft zu den Menschen. Nikolaus starb am 6. Dezember 345/351 in Myra. Im Jahr 1087 brachten Kaufleute seine Gebeine nach Bari in Unteritalien. Hier wurde für ihn die Basilika San Nicola gebaut, die das Ziel vieler Pilger wurde. Die Einwohner von Bari feiern »ihren« Nikolaus jedes Jahr mit einem großen Fest. In den Ostkirchen ist er nach Maria die meistverehrte Heiligengestalt.

Nikolaus und die drei jungen Frauen

In Myra wohnt eine Familie mit drei Töchtern, die sehr arm war. Der Vater sah keine Möglichkeit die drei jungen Frauen zu verheiraten. Er hatte kein Geld für die Aussteuer. Kein Mann wollte schließlich eine arme Frau heiraten. Es reichte ihnen fast nicht zum täglichen Leben. Er beschloss, die jungen Frauen als Sklavinnen in ein Bordell zu verkaufen. Als Nikolaus von der aussichtslosen Situation der jungen Frauen hörte, sagte er sich: »Ich muss ihnen unbedingt helfen – aber es soll niemand wissen, dass ich derjenige bin, der ihnen hilft.«

Mitten in der Nacht schlich sich Nikolaus zum Haus der Familie und warf einen Klumpen Gold durch das offene Fenster ins Zimmer der Mädchen. Als die älteste Schwester das Gold am Morgen fand, war sie überglücklich. Jetzt hatte sie genügend Geld, um zu heiraten. Ein paar Nächte später wiederholte Nikolaus die Aktion: Er schlich wieder zum Haus und warf erneut einen Klumpen Gold ins Zimmer der jungen Frauen. Nun konnte sich auch die mittlere Schwester eine Aussteuer leisten und heiraten. Die Familie konnte ihr Glück kaum fassen und rätselte, wer ihnen so unglaublich geholfen hat. Der Vater beschloss, sich nachts zu verstecken und wartete. Tatsächlich: Ein paar Tage später kam Nikolaus wieder und warf einen dritten Goldklumpen durch das geöffnete Fenster. Der Vater sprang auf und rannte zu ihm. »Wer bist du, dass du meine Töchter vor einer traurigen Zukunft bewahrt hast?« rief er. »Das werden wir dir niemals vergessen!«

Bischof Nikolaus gab sich zur erkennen, bat aber inständig, die Sache niemandem zu erzählen. Er wollte kein Lob, denn es war ihm selbstverständlich zu helfen, wo große Not war.

Heute wird Bischof Nikolaus in Kirchen und auf Bildern oft mit drei goldenen Kugeln in der Hand dargestellt. Das sind jene drei Goldklumpen aus dieser Legende, mit denen er den drei jungen Frauen geholfen hat.

ÜBERLIEFERT

Nikolausbräuche

Bis zum heutigen Tag hat sich der Bauch erhalten, dass der Nikolaus (natürlich eine als Nikolaus verkleidete Person) am 6. Dezember – oder am Abend des 5. Dezembers – in die Häuser geht und die Kinder mit Nüssen, Lebkuchen und Süßigkeiten beschenkt. Dieser Brauch, auch »Einkehrbrauch« genannt, gehört für viele Erwachsene zu den schönsten Erinnerungen ihrer Kindheit. Der Brauch geht sogar bis ins Mittelalter zurück: In den Klosterschulen gibt es damals das sogenannte »Bischofsspiel«: Die Klosterschüler wählten einmal im Jahr einen »Kinderbischof«. Dieser »Bischof«, bekleidet mit einer Mitra, Stab und den Gewändern eines Bischofs, besuchte die Klosterschule, er bestrafte die Schüler, die etwas ausgefressen hatten und verteilte dann Äpfel, Nüsse und Süßigkeiten.

Da, wo der Nikolaus nicht selbst in die Häuser kommen konnte, ist es bis heute Brauch geblieben, dass die Kinder am Vorabend des Nikolaustages Schuhe, Strümpfe oder Teller aufstellen, in die der Nikolaus dann die Gaben legt: Äpfel, Nüsse, Orangen, Süßigkeiten, Spielzeug oder Kleidungsstücke. Als Gegengabe legten die Kinder in früheren Zeiten Heu und Rüben aus, damit der Esel, auf dem der Heilige geritten kam, sich stärken konnte.

Die Reformatoren lehnten die Heiligenverehrung – und damit auch die Verehrung des heiligen Nikolaus als Gabenbringer ab. Nach Martin Luther sollte nicht der Nikolaus, sondern das Christkind, »der heilige Christ«, den Kindern die Geschenke bringen. So verlagerte sich nach und nach die Bescherung vom Nikolaustag auf Weihnachten.

Unverändert blieb es allerdings in einigen Nachbarländern, zum Beispiel in den Niederlanden. Hier ist weiterhin der Vorabend des 6. Dezembers – ähnlich wie beim Heiligen Abend – ein großer Tag der Bescherung. Der Sintaklaas (Sinter Claas) verteilt an Kinder und Erwachsene seine Gaben, oftmals verbunden mit allerlei Ulk, Spott und Neckerei in Gedichtform, die auf die »Alltagssünden« und die schlechten Angewohnheiten des Einzelnen aufmerksam machen wollen.

Angsteinflößende Begleiter

In manchen Gegenden hatte und hat der Nikolaus einen strafenden Begleiter bei sich. Er heißt in Süddeutschland und Österreich Knecht Ruprecht, Pelzmärte, Krampus, Pelznickel, Schante-Klos oder hat andere Namen. Er tritt in grobem Pelz oder in Stroh gehüllt auf, ist mit Schellen behängt oder rasselt mit Ketten, trägt Rute und Sack und sollte in früheren Zeiten die Kinder durch Angst und Schrecken gefügig machen. Mit der Zeit jedoch verschwand dann – von einigen Ausnahmen abgesehen – der gefürchtete Kinderschrecken wieder von der Bildfläche.

Der dreizehnte Glos

Im tiefen Allgäu gibt es am Nikolausabend nicht nur den Bischof Nikolaus mit Knecht Ruprecht, sondern auch die wilden Glosen, auch Kettenglosen genannt. Sie sehen Furcht erregend aus: Bekleidet sind sie mit Fellen und Sackleinen, auf dem Kopf tragen sie Kuhhörner, wilde Perücken und Bärte. Mit Glocken, Schellen, Ketten, Säcken und Ruten ausgerüstet, ziehen sie schreiend am Abend des 5. Dezember durch die Dörfer. Sie hauen jeden windelweich, den sie erwischen oder stecken ihn in einen Sack und nehmen ihn mit!

Vor vielen Jahren – so wird aus einem kleinen Ort berichtet – war eine Gruppe wilder Glos durch das Dorf gezogen. Berauscht vom Schnaps, den sie gegen die Kälte reichlich getrunken hatten, kam einer auf die Idee, auch beim Pfarrer zu klopfen und um einen Schnaps zu bitten. Gesagt, getan. Sie polterten an die Tür des Pfarrhauses, schrien und brüllten wild durcheinander. Es war bereits nach Mitternacht – der Pfarrer kam recht ungehalten an die Tür und fragte, was dieser Unfug zu bedeuten habe. Einige Burschen brüllten: »Wir wollen einen Schnaps! Dann gehen wir wieder.« »Das fehlt mir gerade noch ...« seufzte der Pfarrer. »Nun gut, ihr bekommt euren Schnaps. Zu wievielt seid ihr denn?« »Zu zwölft!« riefen die Glosen. Der Pfarrer zählte rasch nach: »Ich zählte aber dreizehn«, sagte er. Daraufhin sahen sich die Burschen an und gingen einige Schritte zurück. Plötzlich bemerkten sie, dass einer von ihnen einen Pferdefuß hatte! Dieser stampfte mehrmals mit dem Huf auf den Boden, dass es nur so krachte und lachte schrill auf. Die Burschen packte das Grauen, jeder rannte davon, so schnell er nur konnte! Innerhalb weniger Sekunden waren alle verschwunden – und auch der Behufte war nicht mehr da. Der Pfarrer schüttelte den Kopf, bekreuzigte sich und ging wieder zu Bett.

AUS DEM ALLGÄU ÜBERLIEFERT

Weihnachten

Am 25. Dezember feiern Christen seit dem 4. Jahrhundert Weihnachten, das Fest der Geburt Jesu. Es ist nach Ostern das zweithöchste Fest im Kirchenjahr. Das Wort »Weihnachten« heißt in der alten deutschen Sprache »wihe nacht«, was »heilige Nacht« bedeutet. Keine Nacht ist so heilig wie die Nacht, in der Jesus geboren wurde. Vielfältige Bräuche ranken sich seit alters her um das »Fest der Liebe Gottes zu uns«. Sie erinnern an das, was vor über 2000 Jahren in Betlehem geschehen ist: Jesus kam auf die Welt. Durch die Geburt Jesu hat sich Gott den Menschen mitgeteilt und ihnen das Heil geschenkt.

Die Weihnachtskrippe

Zu Weihnachten gehören die Krippen, die alljährlich in Häusern und Kirchen aufgestellt werden. Unsere heutigen Krippen verdanken wir Franziskus von Assisi, dem großen Heiligen des 13. Jahrhunderts. Franziskus vertiefte sich in das unbegreifliche Geheimnis der Menschwerdung Gottes: Gott wird ein Mensch, ein Kind. Das wollte der heilige Franziskus darstellen, spielen, feiern, nicht nur davon erzählen oder vorlesen. Franziskus lud die Menschen seiner Zeit in die Höhle von Greccio ein: Hirten und Bauern mit ihren Frauen und Kindern. Er nahm einen Futtertrog, füllt ihn mit Stroh, holte Ochs und Esel herbei und legte ein kleines Kind aus dem Dorf in die Krippe. So feierte er den Heiligen Abend. Vor diesem italienischen Kind fiel der heilige Franziskus auf die Knie, breitete die Hände aus, fingen an zu beten und zu singen. Und die Leute, die dabeistanden, sahen in dem kleinen Kind aus ihrem Dorf das Jesuskind von Betlehem. Sie empfanden große Freude, reichten einander die Hände und wollten gut zueinander sein. Seit dieser Zeit hat es angefangen, dass Menschen zu Weihnachten eine Krippe gebaut und in ihren Wohnungen aufgestellt haben. In Deutschland wurde die erste Krippe vor ungefähr 400 Jahren aufgestellt. Es gibt heute eine Reihe von Museen, in denen die schönsten und kostbarsten Krippen aufbewahrt werden und in der Advents- und Weihnachtszeit besichtigt werden können.

Der Christbaum

Zu Weihnachten gehört seit Jahrhunderten der Christ- oder Weihnachtsbaum, der in jedem Jahr in Wohnzimmern, Schulen, Kirchen, Geschäften und an öffentlichen Plätzen aufgestellt wird. Der Brauch einen geschmückten Nadelbaum aufzustellen, wurde erstmals im Elsass bekannt. In Aufzeichnungen aus dem Jahr 1605 heißt es unter anderem: »Auf Weihnachten richtet man Tannenbäume zu Straßburg in den Stuben auf. Daran hängt man Rosen, aus vierfarbigem Papier geschnitten, Äpfel, Oblaten, Zucker ...«. Von Tannenzweigen, die mit Äpfeln und Oblaten geschmückt und in der Weihnachtszeit in den Stuben der Menschen aufgestellt wurden, ist schon früher die Rede. Und auch davon, dass am Dreikönigstag die Kinder, die mit Zuckersachen behangenen Zweige plündern durften. Der Gabenbaum nahm also vermutlich vom Elsass aus seinen Siegeszug quer durch Europa und später auch in andere Erdteile. In Franken ist übrigens schon um 1600 ein Aquarell entstanden, das den heiligen Christophorus mit dem Jesuskind auf den Schultern zeigt, einen Bach überquerend. In seiner Rechten hält er einen Gabenbaum, voll beladen mit Backwerk, Würsten und Obst. Das Christkind greift nach einer gebratenen Gans.

Im 18. Jahrhundert ist der Weihnachtsbaum schon an vielen Orten gebräuchlich. 1737 wird er in Wittenberg erwähnt, 1780 in Berlin. Goethe und Schiller kannten ihn. Napoleon hat 1807 an seine Soldaten Weihnachtsbäume verteilen lassen. Unter diesen Bäumen wurden verdiente Soldaten beschert – es war vermutlich die erste große Weihnachtsbescherung bei brennenden Christkerzen.

Das Kindleinwiegen

Die Botschaft von der Geburt Jesu in einer armseligen Futterkrippe hat die Menschen von jeher besonders angerührt. So entstanden im Laufe der Zeit zahlreiche Weihnachtsspiele. Zu ihnen gesellte sich im 8. Jahrhundert der Brauch des »Kindleinwiegens«. Zunächst stellte man eine hölzerne Krippe auf und legte eine kleine Figur aus Holz oder Wachs in die Krippe: das Jesuskind. Dann wurde die Krippe durch eine kleine Wiege ersetzt, die auf einen Altar gestellt wurde. Man brauchte sich ja nur vorzustellen, was alles in Betlehems Stall geschah, bevor die Hirten kamen: Natürlich wurde das Neugeborene von Maria und Josef liebevoll versorgt und in den Schlaf gewiegt ... Und so kamen dann auch die Kirchenbesucher zum Altar, um das Kind zu wiegen.

Es war ein beliebter Brauch, in dem sich der christliche Glaube mit der menschlichen Freude an einem neugeborenen Kind vermischte. Die Gemeinde sang dazu Wiegenlieder, z. B.»Josef, lieber Josef mein, hilf mir wiegen mein Kindelein ...«

Alte Bauernregeln zu Weihnachten

Klappern die Bäume von Eis
in den Weihnachtstagen,
so werden sie im nächsten Jahr
viel Früchte tragen.

Ist es grün zur Weihnachtsfeier,
fällt der Schnee auf Ostereier.

Wenn Christkindlein Regen weint,
vier Wochen keine Sonne scheint.

Wie sich's Wetter vom Christtag
bis Dreikönig verhält,
so ist es das ganze Jahr bestellt.

Silvester

Am 31. Dezember, dem letzten Tag des Jahres, feiern wir Silvester. Das alte Jahr geht zu Ende, das neue steht bevor. An diesem Tag denken wir an Feuerwerk am nächtlichen Himmel, an Silvesterbowle und Sekt – und weniger daran, wer eigentlich diesem Tag seinen Namen gegeben hat: Papst Silvester I.

Silvester I. – Ein Papst des Friedens

Papst Silvester war ein gebürtiger Römer. Er war der 34. Nachfolger des heiligen Petrus auf dem bischöflichen Stuhl in Rom. Seine Regierungszeit dauerte fast 22 Jahre – von 314 bis 335. In seiner Amtszeit wurde der Lateranpalast der offizielle Wohnsitz des Papstes in Rom und die

Lateranbasilika »die Mutter aller Gotteshäuser«. Geschichtlich Gesichertes wissen wir nur wenig über diesen Papst. Eine Legende berichtet, er habe Kaiser Konstantin den Großen (285–337), der ein grausamer Christenverfolger war, vom Aussatz geheilt. Das habe den Kaiser veranlasst, sich vom Papst taufen zu lassen. Als Dank für die päpstlich Hilfe habe Konstantin große Schenkungen an die Kirche gemacht.

Papst Silvester führte die Kirche nach langer Zeit der Unruhe und Bedrohung in eine Periode des Friedens. Unter ihm wurde die christliche Religion gegenüber den heidnischen Religionen gleichberechtigt. Die Glaubensverfolgungen wurden unterbunden. Als er am 31. Dezember 335 starb, war die Kirche nach innen und außen gefestigt.

In den Priscillakatakomben an der Via Salaria wurde Papst Silvester ein Grabmal gesetzt. Aber weder das Katakombengrab noch die kirchlichpolitischen Leistungen machten ihn »unsterblich« für die Nachwelt, sondern die Tatsache, dass sein Sterbetag mit dem Jahreswechsel – eben »Silvester« – zusammenfiel. Silvester ist deshalb der »richtige Heilige« zum Anbruch eines neuen Jahres.

Orakel und Zukunftsdeutungen

Im frühen Volksglauben war die Silvesternacht für vielerlei Orakel, die die Zukunft erforschen sollten, gut: Bleigießen, Zukunftlesen aus Apfelschalen, Schuhwerfen, Kartenlegen und vieles mehr.

Von den unzähligen Los- und Orakelbräuchen hat sich fast nur noch das Bleigießen erhalten. Anstelle von Blei nahm man früher aber Wachs. Bei Bleich- bzw. Wachsgießen wurde das Blei oder Wachs in einem alten Löffel über einer Kerze verflüssigt und dann in eine Schüssel mit kaltem Wasser gegossen. Die entstandenen Gebilde wurden daraufhin nach alten Überlieferungen gedeutet.

Hier ein paar Beispiele: Ein Adler ließ auf eine baldige Heirat schließen, ein Fass auf Wohlstand, ein Engel auf Wunscherfüllung und glückliches Alter, Sterne auf Freude und Glück und Kreuze auf Leid und Sorgen. Dazu kamen die vielen berufsbezogenen Attribute, die etwas über den Beruf des Betreffenden selbst oder des zukünftigen Ehemannes aussagen sollten.

Anhaltspunkte für das Wetter im kommenden Jahr gab die Witterung in der Silvesternacht. Kam der Wind von Osten her, ließ das auf ein gutes Obstjahr schließen. Blies der Wind von Westen, gab es viel Milch und Fische. Wind aus dem Norden wies auf Sturm und Kälte hin. Wer das Herdfeuer in der Silvesternacht nicht ausgehen ließ, dem waren im Volksglauben Wärme und Nahrung das ganze Jahr über gewiss. Von allen Silvesterspeisen, so glaubte man, sollte bis zum Neujahrstag ein Rest stehen bleiben. Dann würde das Essen nie ausgehen.

Ein Letztes: Wer an Silvester mit einer Stricknadel in das geschlossene Gesangbuch oder in die Bibel stieß, erhoffte sich von dem Vers, auf den er dabei traf, eine Richtschnur für das kommende Jahr ...

Wer waren die Heiligen Drei Könige?

Dem Stern auf der Spur

Beim Evangelisten Matthäus ist von »magoi« (griechisch: Wahrsager, Astrologen, Magier) die Rede. Die Herausgeber der Einheitsübersetzung der Heiligen Schrift haben sich auf »Sterndeuter« geeinigt, die Lutherbibel übersetzt mit »Weise«. Warum aus diesen Sterndeutern später Könige gemacht wurden, ist unsicher. Möglicherweise hängt es mit Psalm 72,10 zusammen. Dort heißt es: »Die Könige von Tarschisch und von den Inseln bringen Gaben, mit Tribut nahen die Könige von Scheba und Saba.« Wahrscheinlich schloss man daraus auch auf die Anzahl der Sterndeuter: auf drei. Im Urtext, bei Matthäus, wird keine Zahl genannt.

Kritiker verwiesen die Erzählung von den Sterndeutern immer wieder in den Bereich der

Märchen. Es habe eben recht gut in den Gesamtplan des Evangeliums gepasst, auch »gutwillige Heiden« aus fernen Ländern zur Krippe ziehen zu lassen. Neuere Forschungen weisen dagegen darauf hin, dass dieser »Magier-Erzählung« zumindest ein reales historisches Ereignis zugrunde liegen müsse. Denn ohne sie wären auch die folgenden Berichte bei Matthäus kaum einzuordnen: die Flucht nach Ägypten, die Rückkehr und Ansiedlung der Familie in Nazaret. Ferner führt Matthäus Details an, die sich nur im Kontext der damaligen Zeit erklären lassen.

Als Herkunftsland der Magier wird Babylonien/Mesopotamien genannt. Dort waren schon im 3. Jahrhundert vor Christus Mathematiker bekannt, die sich auch mit der Astrologie beschäftigten. Sie waren durchaus in der Lage, Sonnen- und Mondfinsternisse vorauszusagen – und zwar mit verblüffender Präzision. Um 300 vor Christus sollen diese Gelehrten eine Hochblüte erreicht haben. Sie waren als keine »Magier« im heutigen Sinne – die »Sterndeuter« der Bibel waren vermutlich die letzten Nachfahren der Gelehrtentradition in Babylonien.

Es war dann Johannes Kepler (1571–1630), der die Diskussion um den Stern der biblischen Weisen auch astronomisch neu entfachte. Er wies nach, dass im Jahre 7 vor Christus, dem tatsächlichen Geburtsjahr Jesu Christi, ein »neuer Stern« erschienen sei. 1925 wurde eine Keilschrift von der Sternwarte Sippar (Babylonien) entziffert, die alle Ereignisse des Jahres 7 vor Christus in Vorausberechnung enthält. Andere Keilschriften beweisen, dass die babylonischen Magier sich auch für religiöse Ereignisse und Visionen interessierten. Die biblischen Weisen müssten also auch von den Messiaserwartungen der Juden gewusst haben. Auf einer Keilschrifttafel heißt es auch: »Wenn ..., dann wir dein großer König im Westland aufstehen, dann wird Gerechtigkeit, Friede und Freude in allen Ländern herrschen und alle Völker beglücken.« Unter Westland verstanden die Babylonier Palästina.

Von Konstantinopel nach Köln

Nach einer alten Legende wurden die Magier vom Apostel Thomas getauft; im Anschluss an ein gemeinsam gefeiertes Weihnachtsfest im Jahre 54 seien sie gestorben. Ihre Gebeine soll Kaiserin Helena erhoben haben. Sie sollen nach Konstantinopel gebracht und um das Jahr 350 dem Bischof von Mailand geschenkt worden sein. Dort wurden sie in einem wertvollen Sarkophag beigesetzt. Nach der Zerstörung Mailands durch Kaiser Barbarossa (1162) wurden die Gebeine der Magier durch Rainald von Dassel – er war Kanzler Barbarossas und Erzbischof von Köln – über Chur in der Schweiz nach Köln transportiert und trafen dort 1164 ein. Auf Bitten Mailands wurde 1904 ein Teil der Reliquien nach Mailand zurückgegeben, sie ruhen heute in der Sankt-Eustorgio-Kirche.

Der Verehrung der Drei Könige erlebte schon im 9. Jahrhundert in Mailand eine Hochblüte; sie wurde später von Köln aus nördlich der Alpen eifrig betrieben. Sogar entlang des Transportweges Mailand-Chur-Köln waren Patronatskirchen entstanden; auch auf der Brennerstraße, zum Beispiel in Bozen-Gries, wo Dreikönigs-Darstellungen von Michael Pacher und Alberecht Dürer daran erinnern. Im Humanismus (vor allem durch Nikolaus von Kues) erreichte die Dreikönigsverehrung einen neuen Höhepunkt. Als Patrone der Stadt Köln, des Landes Sachsen, der Reisenden, Pilger, Gasthäuser und Wallfahrtsunterkünfte werden sie heute noch verehrt.

Waren es drei Magier?

Die Anzahl der Magier wird in der Bibel nicht genannt. In einer Schrift aus dem 6. Jahrhundert tauchen, erstmals nachweisbar, der Namen auf: Melchior, Bithisarea und Gathaspa. Daraus wurden 300 Jahre später die heute gängigen Namen, Caspar, Melchior und Balthasar. Wie es zu diesem Namen kam, ist nach wie vor ein Rätsel.

In einigen östlichen (frühchristlichen) Kirchen werden mal drei, mal zwölf Weise genannt. Neuste Funde aus der koptischen Kirche Ägyptens (aus dem 6. oder 7. Jahrhundert) nennen ebenfalls drei Weise namentlich. Moderne Sprachforscher verweisen in diesem Zusammenhang auf das fast unwiderstehliche Bedürfnis der Kopten, alle namenlosen Figuren der Bibel und Legenden zu benennen. Der christliche Gelehrte Origines (gest. um 254) schloss aus der Zahl der Geschenke, die die Magier überbrachten, deren Anzahl. Vor und nach Origines variierte aber die Anzahl von zwei bis zwölf. Die Zahl drei – und auch die Reihenfolge der Namen – wird im Malbuch auf dem Berg Athos erwähnt; von dort hat sich diese Version dann wohl allgemein durchgesetzt.

Im Mittelalter symbolisierten die drei Magier die drei Lebensalter des Menschen: Caspar als Jüngling, Melchior als Mann und Balthasar als Greis. Damals, um 1300 und wahrscheinlich unter dem Eindruck der Kreuzzüge, tritt Caspar erstmals als »Maure« (Mohr), also als Schwarzer, auf. Aus ihm wurde später die beliebte volkstümliche Kasperl-Figur in den Puppentheatern. Schließlich teilte man jedem der drei Vertreter einen Erdteil zu: Asien, Afrika und Europa – und damit die Nachkommen Noachs andeutend: Semiten, Hamiten und Japhetiten. Das entsprach dem Kenntnisstand der damaligen Zeit.

Der Brauch des Sternsingens

Das heute vor allem von Kindern durchgeführte Sternsingen am Dreikönigstag (6. Januar) ist ein alter Brauch, der bis ins Mittelalter zurückreicht. Zuerst wurde er auf Gymnasien in Bischofsstädten und Klosterstiften bekannt. Als Magier verkleidet, zogen die Knaben durch die Gassen, gleichsam die biblische Erzählung nachspielend. Seit Anfang der 50er-Jahre des letzten Jahrhunderts wurde das Sternsingen mit neuem Geist erfüllt: Der Erlös dieser Aktionen geht an soziale und karitative Werke in den Ländern der Dritten Welt.

In vielen Gegenden des deutschen Sprachraums war auch die Haus- oder Dreikönigsweihe bekannt: Die ganze Familie zog betend und singend durch Haus und Hof; die Mutter segnete mit brennender Weihrauchpfanne die Räume, der Vater schrieb mit geweihter Kreide die Anfangsbuchstaben der drei Könige zusammen mit der Jahreszahl auf die oberen Türpfosten, zum Beispiel: 20 + C + M + B + 24.

Die neuere Umdeutung der Buchstaben verweist auf die lateinische Segensformel: **C**hristus **M**ansionem **B**enedicat (Christus segne dieses Haus). Im Volksbrauchtum stehen dafür auch weiterhin die Namen der drei Magier. In der Kunst werden die Magier mit ihren Gaben dargestellt, zusammen mit Maria, Josef und dem Kind; oft auch mit dem Stern über dem Haus oder mit Kamelen und Pferden, auf denen sie ihre lange und mühsame Reise unternommen hatten.

ADALBERT LUDWIG BALLING (1933–2024)

Gold, Weihrauch und Myrrhe

»Dann holten sie ihre Schätze hervor und brachten ihm Gold, Weihrauch und Myrrhe als Gaben dar.« So steht es beim Evangelisten Matthäus (Mt 2,11). Die Rede ist vom Besuch der Magier aus dem Morgenland. Gold galt schon immer als königliches Geschenk. Es wurde auch in diesem Zusammenhang stets als Gabe an den König gesehen. Der Wert des Goldes ist uns so geläufig, dass wir kein weiteres Wort darüber zu verlieren brauchen.

Anders steht es mit Myrrhe und Weihrauch. Letzterer erhielt die symbolische Bedeutung für anbetende Verehrung, Myrrhe hingegen sollte die reinhaltende Kraft der Selbstbeherrschung versinnbildlichen. So jedenfalls wird es erstmals in den »Gesta Romanorum«, einer Märchensammlung aus der römischen Geschichte, um 1300 in England entstanden, gedeutet. Matthäus nennt alle drei Geschenke »Schätze«. Und sie waren Schätze damals! Auch Myrrhe und Weihrauch.

Das Wort Myrrhe kommt vom arabischen »murr«, was so viel wie »bitter« bedeutet. Myrrhe ist ein duftendes Harz und wurde vorwiegend bei wohlriechenden Salben, dekorativer Kosmetik und Riechpulvern verwendet. Myrrhe war eines der kostbarsten Güter der antiken Hochkulturen. Schon vor 4.000 Jahren wurde es gehandelt. Berichte aus Babylonien und Ägypten weisen es nach. Als Heimatort der Myrrhe wird im Mittelalter das Land Punt genannt – das heutige Somalia, Äthiopien und die Arabische Halbinsel. Dort gewinnt man aus den mit Dornen versehenen Commiphora-Sträuchern (Balsambaumgewächse) ein balsamisches Harz. Dieses wird dann mit ätherischen Ölen, Gummi und Enzymen gemischt und schließlich als Myrrhe gehandelt.

In etwa den gleichen Breiten wachsen die Boswelia-Bäumchen, die einen milchigen Wundersaft abgeben. Zu gelblichen Körnern getrocknet und als Weihrauch gehandelt, wurden sie weltweit bekannt. Wenn man sie erhitzt, geben sie starke, betörende Düfte ab. Myrrhe wurde in der Antike, meist in Verbindung mit Öl aus Zedernholz, auch beim Balsamieren von Toten verwendet. In der altägyptischen Literatur schreibt man Myrrhe sogar aphroditische Kräfte zu. Auch im Alten Testament, im Hohelied, wird der wohlriechende Duft der Myrrhe besungen.

In der griechisch-römischen Antike waren die Duftstoffe von Weihrauch und Myrrhe hoch in Ehren. Von Alexander dem Großen wird berichtet, er habe als Zeichen des Dankes (nach der Eroberung von Gaza) seinem Erzieher Leonidas 500 Talente Weihrauch und 100 Talente Myrrhe schicken lassen (Talent = antike Gewichts- und Geldeinheit. Ein Talent unterschied sich regional und zeitlich zwischen 20 und 40 Kilogramm).

Der römische Autor Ovod erzählt gar den sagenhaften Ursprung von Myrrhe und Weihrauch: Apollo gelang es nicht, seine geliebte Leucothoe, die von ihrem eigenen Vater lebendig begraben wurden war, wieder zum Leben zu erwecken. Als er voller Verzweiflung Nektar über ihren Körper goss, verwandelte sich das Mädchen in einen Weihrauchbaum. Und Smyrna, die Tochter des Königs von Zypern, soll auf der Flucht in Arabien zu einem Myrrhestrauch geworden sein. Myrrhe wurde über lange Jahrhunderte auch als Wundheilmittel benutzt, vor allem gegen Augenkrankheiten; Myrrhe-Wein galt allgemein als Betäubungsmittel. Aristoteles meint gar, mit Myrrhe lass sich Trunkenheit vermeiden.

Im Mittelalter wurde Myrrhe gegen Husten, Schnupfen, Ruhr, Würmer und Flechten empfohlen. In der Schulmedizin wird Myrrhe heute nur noch zur Behandlung von Schleimhäuten und Zahnfleisch verwendet. Darüber hinaus findet die Aroma-Therapie (vor allem in Frankreich) wieder vermehrt Anhänger; sie vertritt die These, dass wohlriechende Substanzen heilender Balsam seien für Geist und Körper.

Bei fast allen antiken Kulturvölkern wurde bei kultischen Opfern Weihrauch verwendet. In der christlichen Liturgie fand der Weihrauch zunächst bei Bestattungen, später auch in der Eucharistiefeier seinen Platz. Dabei wurden schon sehr bald eigene Gefäße benutzt. Gold, Weihrauch und Myrrhe – die Gaben der Magier aus dem Morgenland

– werden, solange Menschen die Botschaft vom Mensch gewordenen Gottessohn vernehmen, ihren symbolischen Wert behalten.

ADALBERT LUDWIG BALLING (1933–2024)

Geschichten und Gedanken zur Weihnachtszeit

Die Versöhnung hat einen Namen

Versöhnung geht so: Du kommst dorthin, wohin du nicht willst und nicht kannst und tust etwas, das dir eigentlich im Innersten widerstrebt und dann erfährst du eine tiefe Freiheit und Freude, wie du sie nie für möglich gehalten hättest. Etwas löst sich in dir. Die schweren und behäbigen Steine deiner Vergangenheit wirfst du hinter dich, sie belasten dich nicht mehr, du bist erstmals richtig frei und wenn du Glück hast, teilst du diese Freude mit jenen Menschen, die dich so sehr verletzt haben und denen auch du Leid zugefügt hast.

Nicht einmal, nicht zweimal, nicht dreimal, nicht hundertmal, nicht tausendmal, sondern ständig stehen wir vor der großen, schier unmöglichen Aufgabe zu vergeben: zuerst einmal uns selbst, unserem Ungenügen, unserem Versagen, unseren Fehlern und Schwächen und dann natürlich unseren Lieben und selbstverständlich auch jenen, die wir gar nicht leiden können. Anders kommen wir im Leben nicht voran, sonst gibt es nur Stillstand und Rückschritt, den Fall in die enge Spalte hochmütiger Isolation, aus der ein Entrinnen im Lauf der Zeit immer schwieriger wird.

Ich habe es zu oft erlebt und weiß, dass wir keine andere Wahl haben, als glücklich zu sein. Dann leben wir im Frieden mit uns und dieser oft so chaotischen, widersprüchlichen und zerrissenen Welt. Hassen ist keine Kunst, hassen kann jeder, Versöhnung jedoch braucht sehr viel Demut, Mut, Geduld und Charakterstärke.

Wenn ich die Vergebung verweigere, werde ich hart und auf Dauer ungenießbar, dann stockt die Kommunikation, ich muss mich abschotten, schmollen oder hassen und das ist gar nicht lustig.

Meine Schüler bauen – wie alle Kinder – oft Mist. Soll ich sie deshalb ständig anklagen oder ihnen meine Zuwendung verweigern? Was bringt mir das? Was bringt es dem Schulleben? – Ich selbst bin ja auch nicht anders, hab auch meine Schwächen und Fehler, vergesse oder übersehe wichtige Termine, plaudere gedankenlos vor mich hin und verletze auf diese Weise den einen oder anderen ...

Dabei müssen wir die Vergebung gar nicht erst erfinden oder »machen«. Sie ist schon da, sie liegt vor uns wie ein köstliches Weihnachtsplätzchen, das wir nur an den Mund zu führen brauchen um uns eine süße Gaumenfreude zu bereiten. Versöhnung schmeckt gut und sie schmeckt auch nach Weisheit, denn der Kluge gibt nach.

»Friede den Menschen auf Erden«, heißt es im Weihnachtsevangelium. Was bedeutet das? Wann habe ich Frieden gestiftet, wo Hass »geboten« gewesen wäre? Oder andersrum: Wann habe ich auf erlittenes Unrecht mit Unrecht, welches sich in vermeintliches Recht kleidete, geantwortet? Das wäre sozusagen die natürliche Reaktion auf subjektiv erfahrene Ungerechtigkeit. Aber ob das immer so klug ist? Ist das der Weg: auf Unrecht mit Unrecht zu antworten?

Wer kann denn sagen, was für einen Menschen wirklich gut und heilsam ist? Oft erkennt man das auch erst im Nachhinein, wenn sich die einzelnen Mosaiksteine wie durch unsichtbare Geisterhand zu einem schönen Gebilde aneinanderfügen.

Vieles an Missstimmungen gründet in Missverständnissen, in fehlendem oder schräglagigem Austausch, in falschen, überzogenen Erwartungen, die mich und meine Mitmenschen knechten und überfordern. Was kommen muss, ist dann die Enttäuschung und mit ihr geht der verbitterte Rückzug oder oft auch der aggressive Angriff einher. All das ist einer dummen und kleinlichen Herzenseinstellung geschuldet. Das Einzige was uns wirklich weiterbringt im Leben ist die Liebe, die unverdiente, zweckfreie Liebe, jenes himmlische Angebot der Versöhnung, welches einen Neustart immer und zu jeder Zeit möglich macht.

»Ehre sei Gott in der Höhe!« – Wer vergibt, bekommt von »oben« sofort ein Lächeln ins Gesicht geschrieben, das ist weit freundlicher und charmanter, als eine grantige, griesgrämige oder verhärtete Grimasse, die einen Menschen entstellt und dessen Gottebenbildlichkeit verzerrt. Überhaupt sind Freude, Humor und Versöhnungsbereitschaft sehr gute Freunde. Ich möchte sie pflegen, sie sollen die Pflastersteine meines Lebensweges sein. Eine Geste der Versöhnung kann ein unvermuteter, freundlicher Gruß sein, eine spontane, echte und erwartungsfreie Umarmung, ein gutes, ehrliches Wort ... Der Vielfalt an Versöhnungskompetenz sind überhaupt keine Grenzen gesetzt.

Aber wie schon eingangs angesprochen: Anderen von Herzen vergeben kann ich nur, wenn ich bei mir selbst anfange, wenn ich meine eigenen Schatten erkenne, benenne, zulasse und dann in das Licht der unverdienten Liebe Gottes stelle.

Dieses Licht strahlt bald über dem Stall von Betlehem. Bald feiern wir Weihnachten. Gott kommt in die Welt als kleines, verletzliches Kind. Die Versöhnung liegt in der Krippe, sie hat einen Namen: Jesus. Er kommt, damit wir gerettet sind. Das ist doch ein Angebot, oder?

CHRISTIAN KUSTER

Er kommt

Gestern war er da, sagen sie
Es muss sehr schön gewesen sein, sagen sie
Aber wie gesagt, das ist schon lange her
Jetzt ist alles anders
Ja genau und deshalb warten wir
Bis er kommt
Wie das klingt
Er kommt

CHRISTIAN KUSTER

Mir fehlen die Worte ... eine Meditation zum Johannesprolog

Im Anfang war das Wort und das Wort war bei Gott und das Wort war Gott.

Das Evangelium des Weihnachtstags ist ein großer nachdenklicher Hymnus über das Wort Gottes. Das Wort, im Griechischen mit »Logos« wiedergegeben, ist ein seltsames Kompromisswort. Schon Goethes Faust hatte Probleme damit, wie er wohl dieses Wort übersetzen soll und schwankt zwischen, »Sinn« und »Kraft« bis er schließlich ausruft: »Mir hilft der Geist! Auf einmal seh' ich Rat und schreibe getrost: Im Anfang war die Tat!« »Wort« ist Faust zu neutral, »Sinn« eher zu weich und »Kraft« schon schön aktiv, aber letztlich noch nicht aktiv genug, weshalb er sich für die »Tat« entscheidet. Im Anfang war also die Tat? Wirklich?

Dieses war im Anfang bei Gott. Alles ist durch das Wort geworden und ohne es wurde nichts, was geworden ist. In ihm war Leben und das Leben war das Licht der Menschen. Und das Licht leuchtet in der Finsternis und die Finsternis hat es nicht erfasst.

Für die antiken Griechen war der »Logos« etwas, das man personalisiert denken konnte – also ein jemand! Dieser Logos, der sinnstiftende Geistgeber, das ureigene Lebensprinzip, ist abstrakt. Aber so abstrakt wie Licht, durch das man graduell hell und dunkel unterscheidet, so abstrakt ist auch dieser Logos, der graduell zwischen »sinnreich« und »sinnarm«, »logisch« und »unlogisch«, »erkennen« und »verborgen bleiben« unterscheidet. In diesem Logos ist Leben – dieser Logos ist unangreifbare Lebensbasis – selbst in lebensfeindlichster Stunde.

Ein Mensch trat auf, von Gott gesandt; sein Name war Johannes. Er kam als Zeuge, um Zeugnis abzulegen für das Licht, damit alle durch ihn zum Glauben kommen. Er war nicht selbst das Licht, er sollte nur Zeugnis ablegen für das Licht.

Bezeugen kann man diesen Logos. Und zugleich heißt es: Aufgepasst! Verwechsle diesen Logos nicht mit anderen geistreichen oder begeisternden Personen. Dieser Logos ist absolut und übersteigt alle Spritzigkeit, Weisheit, Begeisterung und Neuartigkeit, die wir kennen. Wir können ihn nicht haben – wir können, einmal von ihm ergriffen, nur selbst zu Zeugen werden. Doch wie werde ich ergriffen?

Das wahre Licht, das jeden Menschen erleuchtet, kam in die Welt. Er war in der Welt und die Welt ist durch ihn geworden, aber die Welt erkannte ihn nicht. Er kam in sein Eigentum, aber die Seinen nahmen ihn nicht auf. Allen aber, die ihn aufnahmen, gab er Macht, Kinder Gottes zu werden, allen, die an seinen Namen glauben, die nicht aus dem Blut, nicht aus dem Willen des Fleisches, nicht aus dem Willen des Mannes, sondern aus Gott geboren sind.

Der Logos sucht Aufnahme. Er sucht fruchtbaren Boden zum Wachsen und Strahlen. Ist der Logos dann nicht doch eher Wort als Tat? Ein Wort, das auf Gehör stößt, nicht eine Tat, die Aufmerksamkeit erzwingt? Ist dieses Wort ein sinnstiftendes ewig gültiges »Ja!« zu uns Menschen? Ist dieses Ja das, woraus wir leben und lieben, denken und wachsen können? Ist dieses Wort das Schöpfungswort des Anfangs und das Gerichtswort des Endes zugleich? Ist dieses Wort das Wort, das selbst dann in unserem Innersten wohnt, wenn andere Worte versagen?

Und das Wort ist Fleisch geworden und hat unter uns gewohnt und wir haben seine Herrlichkeit geschaut, die Herrlichkeit des einzigen Sohnes vom Vater, voll Gnade und Wahrheit.

Dieses Logos-Wort ist besonders. Es ist überzeitlich und wurde doch zeitlich konkret. Es ist überweltlich und wurde doch weltlich konkret. Es ist Fleisch geworden – konkreter und handhabbarer geht es nicht. Es legt sich uns nicht nur ins Herz und in den Verstand, sondern auch in die Hand. Das Urwort hat sich materialisiert. Es ist unerhört und uns fehlen die Worte. Wir haben keine Worte für das, was dieses Urwort bedeutet. Wir können es nur umschreiben und stotternd versuchen zu erklären. Wir können diesen Logos nicht strikt logisch beweisen, zugleich ist er nicht gänzlich unbeweisbar. Der Logos bleibt nur analog aussprechbar, ist gleichzeitig aber individuell ansprechbar. Den Satz »Der Logos ist in der Welt« ahnten und ahnen viele. Doch das Fleischwerden – das ist die aufrüttelnde Botschaft von Weihnachten – geht noch tiefer: Der göttliche Logos ist nicht nur in der Welt, sondern nimmt sogar unser Fleisch an. Das Geheimnis des Glaubens lautet: Gott wird Mensch. Kann man das glauben? Kann ich das glauben?

Johannes legt Zeugnis für ihn ab und ruft: Dieser war es, über den ich gesagt habe: Er, der nach mir kommt, ist mir voraus, weil er vor mir war. Aus sei-

ner Fülle haben wir alle empfangen, Gnade über Gnade. Denn das Gesetz wurde durch Mose gegeben, die Gnade und die Wahrheit kamen durch Jesus Christus.

Der Zeuge erfüllt seine Aufgabe und weist auf diesen Gottmenschen hin, von dem er weiß: obwohl er nach ihm geboren wurde, war er vor ihm – vor allen, vor allem, vor aller Zeit. Der göttliche Logos, präexistent vor der Schöpfung selbst zugegen, wird nicht nur menschlich, sondern auch zeitlich. Er geht in die Zeit, um mit der Zeit zu gehen – und am Ende seiner Lebenszeit die Menschheit an sein Leben zu ziehen. Der wunderbare Tausch ist vollkommen: Gott wird Mensch und der Mensch wird dadurch zum »Logos-Träger« – selbst zu einem Abbild des Ur-Logos. Der Mensch wird selbst ein kleines Licht, das in der Finsternis leuchtet, gegen die Finsternis des ansonsten menschenleeren Universums. Eine Erwählung – oder ein Wahnsinn? Eine unsagbare Gnade – oder ein gnadenloser Unsinn?

Niemand hat Gott je gesehen. Der Einzige, der Gott ist und am Herzen des Vaters ruht, er hat Kunde gebracht

Am Ende ist dieser Logos der einzige, der Kunde bringt – oder »auslegt«, wie es im Griechischen heißt. Er legt den Vater, Gott selbst, für uns aus. Er ist als Urwort auch ein ursprünglicher Aufklärer über diesen »Vater«, von dem Mose und die Propheten sprachen. Er ist selbst göttlichen Ursprungs – Wort und zugleich Übersetzer. Vertrauen wir diesem Wort? Hören wir auf dieses Wort? Es liegt in unserer Hand und ist eine bleibende Anfrage an unseren Glauben. Wenn er sich in unsere Hand legt, wenn wir uns in seine Hand legen, wird der wunderbare Tausch konkret. Dann wandelt sich unsere Existenz zu einer weihnachtlich erleuchteten, die zuversichtlich das Unfassbare nur momenthaft fassen kann: Gott wird Mensch.

ROBERT MUCHA / JOH 1,1–18

In der Nacht, als eine Sternschnuppe fiel

Erinnerungen eines Missionars in Afrika

Es ist Heiliger Abend. Eine eigenartige Stimmung liegt über der Missionsstation. Das Klima ist mörderisch schwül und drückend. Schweißgebadet, noch müde und schlapp von den vorausgegangenen Missionstouren, sitzt der Pater an seinem Schreibtisch, um eine kurze Predigt für die Mitternachtsmette vorzubereiten. Er denkt an seine Kinderjahre, an daheim. Tausende von Kilometern entfernt, jenseits des Meeres. Wie schön und heimelig es doch zu Hause immer war! Adventskerzen, Strohsterne, Christbaum. Weihnachten in einer bayerischen Bauernstube ... Leises Heimweh überkommt ihn. Er sieht Schlittschuh fahrende Kinder, sieht sie fröhlich die Rodelbahn entlangfahren und dann heimkommen in die mollig warme Stube mit dem Plätzchenduft, dem Aroma von Zimtsternen und Marzipan, Christstollen und Hutzelbrot.

Kaum vernehmbar summt er das Lied »Stille Nacht« vor sich hin. Wie er so dasitzt und seine Gedanken schweifen lässt, reißt ihn plötzlich ein kräftiges Klopfen an der Tür aus seinen Träumen und setzt ihn in die Wirklichkeit des afrikanischen Alltags zurück. »Father, würden Sie mich bitte zum Hlomani-Kral bringen? Stephans junge Frau braucht dringend Hilfe!«

Fünf Minuten später holpert der Landrover durch den Busch. Neben ihm sitzen die Krankenschwester und ihre Assistentin. Anderthalb Stunden später ist das Kraldorf erreicht. Von ferne hört man dumpfe Trommelschläge. Schakale und Hyänen heulen hin und wieder auf. Sonst herrscht Stille, afrikanische Stille.

Zehn Minuten vor zwölf schlüpft Schwester Barbara aus dem Kral, geht auf den Pater zur und flüstert: »Father, schauen Sie, ein Christkind!« Freudestrahlend deutet sie auf die Hütte, wo soeben ein Baby das Licht der Welt erblickt hat. Der Pater gratuliert den Eltern.

Die Mette in der Missionsstation hat inzwischen längst begonnen. Also beschließt der Missionar, die Mitternacht im Kraldorf zu verbringen. Er zündet eine Kerze an, nimmt die Heilige Schrift zur Hand und liest die Frohbotschaft vor. Rings um ihn hocken Bewohner des Dorfes. Aufmerksam lauschen sie seinen Worten. Die Mutter liegt auf einer Strohmatte, in warme Decken gehüllt, und neben ihr schlummert das Neugeborene. Die Kerzen flackern unruhig, aber die Worte des Paters klingen stark und eindringlich: »Seht, ich verkünde euch eine große Freude, die allem Volk zuteilwerden soll: Heute ist euch in der Stadt Davids der Heiland geboren, der Messias und Herr. Und dies soll euch zum Zeichen sein: Ihr werdet ein Kind finden, das in Windeln gewickelt ist und in einer Krippe liegt ...« Der Pater legt die Bibel zur Seite und beginnt das Evangelium zu erklären. Er spricht vom ersten Weihnachtsfest, von den drei Magiern, er spricht von der Flucht nach Ägypten, in ein nordafrikanisches Land, das einst dem Heiland Zuflucht bot; er spricht über die Liebe Christi zu allen Menschen – ohne Unterschied von Rasse, Sprache, Nationalität – und von der unsterblichen Seele, die Gott jedem

Neugeborenen eingehaucht hat, von dem Glück und der Freude einer Familie ...

Die Menschen rutschen immer näher zu ihm. Sie wollen sich kein Wort entgehen lassen. Ihre Augen leuchten; sie strahlen weihnachtliche Freude aus. Ehe sich der Pater verabschiedet, gibt er den Anwesenden den Segen.

Er fährt den gleichen Weg zurück. Die Autospuren sind noch sichtbar. Als ein außergewöhnlich hell leuchtender Meteor vom Himmel fällt, murmelt der Pater: »Wenn die Afrikaner eine Sternschnuppe beobachten, sagen sie: Gott reist durch die Welt!« »Eine schöne Deutung«, meint Schwester Barbara. Dann schweigen sie wieder. Und als sie gegen halb drei Uhr in der Frühe die Silhouette der Missionsstation erblicken, sagt die Schwester: »Father, ich glaube, diese Weihnacht im Kraldorf werde ich zeitlebens in guter Erinnerung behalten.« Der Pater nickt und sagt langsam, als wolle er jedes Wort noch einmal überdenken: »Ja, Schwester, heute Nacht haben wir das Weihnachtsgeschehen, statt es nur zu feiern, zutiefst miterlebt.«

ADALBERT LUDWIG BALLING (1933–2024)

Da ist keine Liebe drin

Es war an einem Tag kurz vor Weihnachten. Ich machte einen Rundgang durch das Altenheim. Zu dem Zimmer eines alten Herrn, der allein für sich wohnte, war vor einer Viertelstunde noch die Paketpost heraufgekommen. Darum wunderte ich mich nicht, dass auf mein Klopfen zunächst keine Antwort kam. »Aha, das Weihnachtspaket!«, dachte ich.

Tatsächlich, als es endlich hieß: »Herein!«, stand der alte Herr vor dem Tisch und stocherte in dem eben geöffneten Paket. Man sah auf den ersten Blick, dass es ein reiches Paket war. Später hörte ich, dass die Absenderin, die Tochter des alten Herrn, eine reichte Geschäftsfrau war.

Damals litten alle Leute Not und Mangel, es war die Hungerzeit nach dem Krieg. Doch in diesem Paket sah man Zigarren, Tabak, Cognac, Rotwein, gefütterte Schuhe, warme Sachen – alles, was man sich ersehnen konnte.

Der alte Herr aber machte zu all dem nur ein mürrisches Gesicht. Kein Fünkchen Freude war zu sehen. »Aber, Herr Maier«, sagte ich jetzt, »wie kann man vor solch einem Weihnachtspaket solch ein trauriges Gesicht machen? Da ist doch alles Gute drin!« Da sah mich der alte Herr an und sagte: »Da ist keine Liebe drin!«

Dann begann er von der reichen Tochter zu erzählen. Sie hatte das Paket von den Angestellten packen lassen. Sie hatte eine vorgedruckte Weihnachtskarte geholt und darunter geschrieben: »Deine Tochter Luise und Schwiegersohn«. Sonst nichts, keine Einladung: »Feiere das Fest mit uns!« Die bestens ausgesuchten Geschenke waren Stück für Stück noch mit den Preisschildchen versehen, damit der alte Vater merken sollte, was man für ihn ausgegeben hatte. Er hatte recht: Es ist keine Liebe drin!

Die schönsten und reichsten Geschenke sind nichts wert und können keine Freude machen, wenn keine Liebe darin ist.

NACH WILHELM BUSCH (1832–1908)

Advent

Advent, na klar – das wissen wir alle, bedeutet »warten auf eine Ankunft«. Die Adventszeit vor dem großen weihnachtlichen Ankommen ist also eine Wartephase und ist ähnlich wie die wartend-vorbereitende Fastenzeit vor Ostern ein Sinnbild für unser Leben selbst: Wir warten doch eigentlich immerzu unruhig. Worauf? Auf das Wochenende, auf den Schulabschluss, auf den Gehaltseingang, auf die Geburt des Kindes, auf ein groß geplantes Familientreffen, auf die Firmenweihnachtsfeier, auf den mit Spannung erwarteten Urlaub, auf den Spieleabend mit Freunden, auf das Essen im schönen Restaurant und so weiter. Eigentlich besteht unser Leben aus einer langen Zeit des Wartens und der Erwartung und somit ist der Advent unseres Lebens nicht nur einmal im Jahr gute vier Wochen lang, sondern letztlich permanent.

Der Witz des Advents, der auf Weihnachten hinführt, ist dann eigentlich ein einziger Moment: der des Ankommens selbst. Vielleicht ist es deswegen auch so, dass viele Menschen die Weihnachtszeit eigentlich nicht wirklich feiern können, weil Weihnachten zu punktuell diesen Moment des »Endlich ist es da« bedeutet: Familienessen, Geschenke aufreißen, vielleicht in die Kirche gehen und dann am nächsten Tag noch einmal etwas essen und Tschüss. Weihnachten geht dann aber eigentlich erst los und erinnert uns an das Bleibende des Heils. Wer zu schnell in seinen gewohnten Advent zurückkehrt, kann dieses Heil nicht zelebrieren.

Wenn ich den Advent in ein Bild packe, kommt mir meine Großmutter in den Kopf. Schon als Kind aber auch später als ich erwachsen war und selbst mit dem Auto bei ihr vorbeigefahren bin, habe ich sie schon beim Zufahren auf die Hochhaussiedlung, in der sie lebte, am Fenster gesehen. Sie wusste, dass ich komme, sie hat am Fenster gewartet. Ganz ruhig und geduldig. Und auch wenn die Entfernung die Mimik nie gänzlich erkennen ließ, habe ich die Freude gesehen, wenn sie dann mein Auto erkannte: Sie hat immer erst gewunken und ist dann schon vom Fenster verschwunden, um langsam zur Tür zu gehen, um mir aufzumachen. Wenn man dann ankam, war es so gesehen immer ein wenig Weihnachten: »Trink einen Kaffee! Nimm ein Stück Sahnerolle! Brauchst du sonst noch etwas?« Natürlich bot ich dann auch immer an: »Was kann ich für dich tun?« Und so holte ich aus dem Keller Wasser, reparierte den verstopften Siphon der Spüle oder setzte mich einfach etwas mit ihr zusammen und unterhielt mich. Nun, da meine Großmutter tot ist, sind diese Erinnerungen wertvoll und lassen mich erkennen, dass es diese kleinen Weihnachtserfahrungen im Leben braucht: dass man auf andere wartet und erwartet wird.

Diese kleinen Weihnachtsfeste waren mit der Ankunft nicht einfach vorbei, sondern wurden zelebriert – bis zum Abschied. Denn wenn ich wieder fuhr, schaute ich aus dem Auto nach oben und da war sie wieder am Fenster und winkte. Ich ließ die Fensterscheibe herunter und hob stets meinen Arm aus dem Auto, um auch zu winken. Einmal ums Eck gefahren gab es dann noch einmal eine Stelle, an der man von der Straße zum Fenster eine Sichtachse hatte. Wenn kein anderes Auto kam, blieb ich kurz dort an der Straße stehen und winkte noch einmal aus dem Auto heraus Richtung Fenster und sah sie auch winken. Mit dieser Geste kehrten wir beide nach diesem Treffen wieder in unseren je eigenen Advent zurück – und das Warten hatte uns wieder.

Ich hoffe, dass ich mit dieser Haltung meiner Oma auch Gott erwarten kann: ihm quasi am Fenster meiner Seele zuwinke, ihn einlasse und mit ihm Zeit in Fülle verbringen kann – und ich hoffe, dass er lange bleibt und dieses Weihnachtsgefühl des Angekommenseins niemals versiegt.

ROBERT MUCHA

Die Flöte des Hirtenjungen

In der wundersamen Nacht, in der der Heiland geboren wurde, war ein armer Hirtenjunge im Gebirge bei Betlehem. Er sucht nach einem entlaufenen Schaf. Hinauf hastete er und suchte. Atemlos war er und unglücklich. Und während die Luft schon erfüllt war vom Lobgesang der Engel, war er noch erfüllt von der Sorge um sein Lamm.

Da stand plötzlich ein Engel vor ihm und sagte: »Mach dir keine Sorgen um dein Schaf! Heute ist ein größerer Hirte geboren. Lauf nach Betlehem, dort liegt der Retter der Welt in einer Krippe!« »Der Retter der Welt«, antwortete zaghaft der Junge, »zu ihm kann ich nicht ohne Gabe kommen!« »Nimm diese Flöte und spiele für das Kind«, sagte der Engel und war verschwunden.

Vor den Füßen des Hirtenjungen lag eine silberglänzende Flöte. Sieben himmelreiche Töne hatte sie und spielte von selber, als er hineinblies.

Fröhlich sprang der Junge den Berg hinunter, achtete nicht auf den Weg und schlug der Länge nach hin. Im Fallen verlor er die Flöte und einen Fluch. Als er die Flöte wieder aufnahm, war sie um einen Ton ärmer.

Jetzt war der Weg gut. Plötzlich saß vor ihm auf dem Pfad ein großer Wolf. »Da Schafsmörder!«, rief der Junge und warf die Flöte nach dem Tier. Der Wolf war verschwunden, aber auch ein weiterer Ton von seiner Flöte.

Bald war er bei seiner Herde. Alle Tiere lagen friedlich. Nur ein Schaf strich noch herum und blökte laut. Der Junge wollte es in den Pferch treiben. Als das Schaf nicht folgte, warf der Junge mit der Flöte nach ihm. Wieder verlor die Flöte einen Ton.

Aber wo waren nur die anderen Hirten? Der Hirtenjunge dachte, dass bestimmt sie im Wirtshaus beim Kartenspiel und Bier säßen. Voller Groll schwang er die Flöte in der Hand. Und wieder verlor sie einen Ton.

Nun lief er an Betlehem. Als er an das Stadttor kam, umringten ihn Gassenjungen und wollten ihm die schöne Flöte abnehmen. Das gab eine Balgerei und Schlägerei. Die Flöte behielt er, aber sie hatte noch einen Ton weniger.

Jetzt sah er schon den Stall. Über dem Dach strahlte ein heller Stern. Gerade als er durch den Hof gehen wollte, fuhr der Kettenhund auf ihn los und der Junge wehrte sich mit der Flöte. Er kämpfte sich den Weg frei, doch nun hatte die Flöte nur noch einen einzigen Ton.

Der Junge schämte sich so sehr. Seine wunderbare Gabe war so klein geworden. Dann ging er in den Stall uns sah das Jesuskind in der Krippe liegen. Da spielte er seinen einzigen, letzten Ton. Mild und rein klang er. Maria und Josef, Ochse und Esel und alle im Stall lauschten und wunderten sich. Das Jesuskind aber streckte die Hand aus und berührte die Flöte. Im selben Augenblick wurde sie wieder, wie der Junge sie empfangen hatte, volltönen, ganz und rein.

AUS NORWEGEN ÜBERLIEFERT

Luigi, der Weihnachtsesel

Ein Gespräch mit einem ganz besonderen Krippendarsteller

Weihnachten ist das Fest der Freude. Gerade auch in schwierigen und dunklen Zeiten. Aus diesem Grund wurde von einiger Zeit ein ganz besonderer Sympathie-Träger ausfindig gemacht, dem es mühelos gelang, die Weihnachtsbotschaft an die Menschen heranzutragen: Luigi. Luigi ist ein Esel, der in Steegen bei Peuerbach, in Oberösterreich zu Hause ist. Hören Sie nun, was er uns zu sagen hat.

Stefan Schlager:
Lieber Luigi, ich freue mich sehr, dass Sie mir in dieser für Sie so stressigen Zeit ein Interview gewähren.

Luigi:
Ja, sehr gerne. Da ich in direkter Linie vom alttestamentlichen Esel des Bileam abstamme, ist es mir auch möglich, dies in Menschensprache zu tun.

Stefan Schlager:
Das ist fein. Mein »Esel-isch« ist nämlich sehr dürftig. Darf ich Sie nun bitten, uns einen kleinen Einblick in Ihren Tagesablauf zu geben? Was machen Sie zurzeit so alles?

Luigi:
Ich bin im wahrsten Sinn des Wortes ein Pädagoge, das heißt: ich ermögliche Kindern – aber auch Erwachsenen – spannende Entdeckungen. Kinder, die mich besuchen und mich herumführen, sind zum Beispiel überrascht, dass ich ziemlich klug bin. So laufe ich gerade bei Gefahr nicht wie ein Pferd hektisch davon. Ich bleibe vielmehr ruhig stehen und wäge die Lage ab. Erst dann geht es Schritt für Schritt weiter. Und besonders wichtig ist mir die Freundschaft. Das zeige ich dadurch, dass ich das Fell meiner Esel-Freunde

pflege und das Futter mit ihnen teile. Und wenn ein Freund oder eine Freundin zum Tierarzt muss, darf ich mitkommen. Dass nimmt ihnen dann die Angst und macht für alle weniger Stress. Apropos Angst: Es gibt unter uns Eseln Exemplare, die ohne Angst andere Tiere verteidigen. So wie Hirtenhunde. Haben sie sich zum Beispiel mit einer Herde Schafe angefreundet, dann verteidigen Esel diese Tiere bei Gefahr. Und wie!

Stefan Schlager:
Sehr geehrter Luigi, ich bin wirklich beeindruckt. Sie sind ja ein wahres Multitalent.

Luigi:
Ja, durch's Red'n kommen die Leut' zusammen. Und je mehr man miteinander zu tun hat, umso besser lernt man sich kennen. Das stimmt wirklich.

Stefan Schlager:
Eine besondere Zeit ist für Sie der Advent. Warum?

Luigi:

Ja, seit Jahren spiele ich die Rolle des Esels in der lebenden Krippe. Ich übernehme diese Rolle sehr gerne, weil Jesus immer nett zu uns Eseln war. Während für die mächtigen Römer nur Pferde wichtig waren, um ihre Macht zu zeigen, hat Jesus einen Esel gewählt, um in Jerusalem einzureiten. Wohl deshalb, weil der Esel immer auf der Seite der Armen steht. Er hilft ihnen treu ihre Last zu tragen. Und Jesus hat das gewusst. Vielleicht ist aus diesem Grund ja auch der Esel nachträglich in die Weihnachtsgeschichte gekommen. An der Krippe sollen wohl all jene Platz haben, die schwer zu tragen haben. Und die den Mächtigen da oben – auf ihren hohen Rössern – nichts gelten. Deshalb darf ich zusammen mit dem Ochsen stellvertretend an der Krippe des Heilands stehen. Was für eine Ehre!

Stefan Schlager:

Das haben Sie aber schön gesagt. Darf ich Sie abschließend noch um ein Wort zur Lage unserer Zeit bitten, zu den Herausforderungen unserer Gesellschaft ...

Luigi:
Wir Esel wissen, dass es immer wieder schwierige Zeiten gibt. Wenn wir aber einander helfen, geduldig unsere Lasten zu tragen, uns immer wieder einmal das Fell kraulen und füreinander einstehen, wenn es bedrohlich und gefährlich wird, dann geht es gut weiter. Und für mich als religionserprobter Esel: auch die wärmende Nähe zu Jesus hilft.

Stefan Schlager:
Dem ist nichts mehr hinzuzufügen. Ich bedanke mich im Namen der Leserinnen und Leser für dieses tolle Gespräch mit Ihnen. Auf Wiedersehen und alles Gute!

STEFAN SCHLAGER

»Es begab sich aber«

Eine Weihnachtserzählung aus Österreich

Im Herzen von Europa findet sich ein Land, das Weihnachten besonders liebt. Ein Land, in dem sogar das Weihnachtslied schlechthin entstand: »Stille Nacht, Heilige Nacht«. Und durch Autoren wie Peter Rosegger und Karl-Heinrich Waggerl bekam dieses besondere Fest einen ganz eigenen Flair: voll von ländlicher Idylle. So verwundert es nicht, dass bis heute landauf landab Hirtenspiele veranstaltet werden. Wie in Salzburg, wo sich alljährlich Menschen auf alpenländische Weise vom Weihnachtsgeschehen berühren lassen. Das Herbergs-Lied, das dabei stets auf's Neue zu hören ist, kennt jedes Kind in Österreich: »Wer klopfet an«.

Nun begab es sich aber, dass just in diesem Land vor gar nicht allzu langer Zeit ein Erlass erging, ein Erlass von oberster Stelle, der genau das forderte, was die unbarmherzigen Wirte in Bethlehem tun: die eigenen Türen verschlossen zu halten und fest abzuriegeln. Denn kein Kind, kein unbegleiteter Minderjähriger, keine Familie dürfe – so die Verfügung – aus jenem Flüchtlingslager in den griechischen Landen beherbergt werden, das damals durch ein Feuer zerstört wurde. Weihnachten hin oder her.

Doch in den Herzen von nicht wenigen Männern und Frauen, Buben und Mädchen begann sich etwas zu regen. Das Lied, das sonst so inbrünstig in heimeliger Atmosphäre gesungen wird, es ging nicht mehr leicht über die Lippen. »Stille Nacht«: vielleicht auch deswegen, weil gar still gehalten werden soll im Namen jener »flexiblen Solidarität«, die nun als Maßstab herzuhalten hat? Leicht dehnbar und zu nichts verpflichtend. »Still«: um ja den Befehlen der Obrigkeit zu gehorchen, niemanden ins Land, in die Stube zu lassen, der um Hilfe bittet? Autoritätshörig wie eh und je. »Still«: um als gehorsame Staatsbürger nicht anzuecken? Weh dem, der anders denkt.

Und ein weiterer Gedanke begann die Menschen zu bewegen, ein höchst ungewöhnlicher

Gedanke: Was wäre, wenn in den Gotteshäusern in den putzig geschmückten Krippen wie auf wundersame Art und Weise die Futtertröge leer blieben? Kein Christus-Kind wird darin nun zu entdecken sein. Stattdessen würde in der Heiligen Nacht ein Säugling gesehen werden, überall dort, wo Flüchtende stranden, unter Brücken, am Wegesrand, in durchnässten Zelten. Selbst notdürftig in Windeln gewickelt, in einem Pappkarton liegend als provisorische Krippe. Darin – ohne wärmendes Stroh – eine Ratte als Bettgenosse mitunter: so wie einst in Griechenland. An den Händen und Füßen des Kindes nagend. All das: eigentlich kein Wunder bei diesem Kind!

Deshalb – so fand man –, müsse die »Stille Nacht« endlich laut werden, so richtig laut. Bis zum heutigen Tag. Laut, weil in den Kirchen an den leer gewordenen Krippen Lieder des Protests zu hören sind gegen verordnete Tatenlosigkeit und verfügte Gleichgültigkeit. Laut, weil Still-zu-halten in diesen Tagen einfach nicht mehr geht. Laut, weil der Mund singt, wovon das Herz immer noch voll ist. Laut, weil Hände

Türen öffnen wieder. Dem Beispiel jenes Kindes mutig folgend.

Und ... es wurde Weihnachten in jenem Land, das Weihnachten so sehr liebt.

STEFAN SCHLAGER

Weihnachten zu Hause feiern

Weihnachten ist das Fest der Freude am Schenken und Teilen und der Sehnsucht nach Frieden und Harmonie. Weihnachten ist für uns Christ:innen vor allem aber die Feier der Geburt Jesu. Wir glauben und feiern, dass Gott selbst Mensch wurde – in diesem kleinen, verletzlichen Kind in der Krippe. Gott lässt sich damit ganz auf uns Menschen und unsere Welt ein, um unser Leben zu teilen. Dieser menschgewordene Gott begegnet uns im Leben und manchmal gerade dort, wo wir ihn nicht vermuten oder suchen würden. Mit seiner Nähe dürfen wir immer rechnen. Gottes Geheimnis offenbart sich also nicht nur in der Liturgie großer Kathedralen oder Kirchen – Gott kommt auch zu uns ins Wohnzimmer, er ist dort, wo wir uns versammeln.

Feiern Sie ein besinnliches und schönes Fest: Unsere Weihnachtsandacht umfasst Gebete, das Weihnachtsevangelium, Vorschläge für Lieder, Impulse, Fürbitten, Segensbitten und einen Lichtritus, mit dem Sie beispielsweise die Bescherung beginnen können. Feiern Sie Weihnachten zu Hause und spüren Sie der hoffnungsvollen Freude dieses großen Festes nach.

Festliche Weihnachtsandacht

Hinweise und Tipps zur Vorbereitung:

☆ Überlegen Sie zunächst, wann Sie die Andacht am Heiligen Abend feiern möchten. Welcher Zeitpunkt passt für Sie? Vor oder nach der Bescherung? Vor oder nach dem Essen?

☆ Vereinbaren Sie vor der Andacht, wer welches Schriftwort und welche Gebete vorträgt.

☆ Vereinbaren Sie auch, wer die Lieder anstimmt. Festlicher wird die Andacht, wenn die Lieder mit Instrumenten begleitet werden.

☆ Legen Sie eine Vorlage mit den Texten und Liedern für die Mitfeiernden bereit. Die meisten Liedvorschläge finden Sie im Gotteslob (GL), dem Katholischen Gebet- und Gesangbuch.

☆ Suchen Sie einen geeigneten, ruhigen Ort für die Andacht. Sie könnten sich um den Christbaum, vor der Krippe oder am Tisch versammeln. Nehmen Sie sich ein wenig Zeit, um vor der Andacht zur Ruhe zu kommen. Wenn Sie mit Kindern feiern, eignet sich z.B. auch die Vorbereitung des Andachtsortes dazu, zur Ruhe zu kommen. Stellen Sie dazu eine Kerze in die Mitte. Sie können auch ein Kreuz oder persönliche Gegenstände zur Kerze legen.

☆ Legen Sie das Jesuskind erst nach dem ersten Textabschnitt des Weihnachtsevangeliums in die Krippe. Einen Hinweis dazu finden Sie im Andachtsablauf.

Entzünden Sie die Kerze, bevor Sie mit der Andacht beginnen. Die brennende Kerze zeigt, dass Jesus Christus hier und jetzt da ist. Nehmen Sie sich Zeit, um zur Ruhe zu kommen.

Eröffnung

V In dieser heiligen Nacht feiern wir die Geburt Jesu. Auf sein Kommen haben wir uns im Advent vorbereitet, auf ihn haben wir gewartet. Gott kommt zu uns, er macht sich ganz klein, um uns nahe sein zu können. Im Vertrauen darauf, dass Gott unter uns ist, beginnen wir unsere Feier mit dem Kreuzzeichen:

A Im Namen des Vaters und des Sohnes und des Heiligen Geistes. Amen.

Lied: Alle Jahre wieder

Gebet

V Gott, du bist da.
Du bist in der Welt,
du bist einer von uns geworden.
Deine Gegenwart umhüllt und durchdringt uns.
Dir können wir vertrauen, mit deiner Hilfe können wir unsere Ängste überwinden.
Mache unsere Herzen bereit, damit wir uns ganz auf dich und deine Liebe einlassen.

Darum bitten wir durch Jesus Christus, deinen Sohn, unseren Bruder und Herrn.

A Amen.

Weihnachtsevangelium

Wir hören das Weihnachtsevangelium nach Lukas:

Es geschah aber in jenen Tagen, dass Kaiser Augustus den Befehl erließ, den ganzen Erdkreis in Steuerlisten einzutragen. Diese Aufzeichnung war die erste; damals war Quirinius Statthalter von Syrien. Da ging jeder in seine Stadt, um sich eintragen zu lassen. So zog auch Josef von der Stadt Nazaret in Galiläa hinauf nach Judäa in die Stadt Davids, die Betlehem heißt; denn er war aus dem Haus und Geschlecht Davids. Er wollte sich eintragen lassen mit Maria, seiner Verlobten, die ein Kind erwartete. Es geschah, als sie dort waren, da erfüllten sich die Tage, dass sie gebären sollte, und sie gebar ihren Sohn, den Erstgeborenen. Sie wickelte ihn in Windeln und legte ihn in eine Krippe, weil in der Herberge kein Platz für sie war.

Lk 2,1–7

Legen Sie nun das Jesuskind in die Krippe.

Lied: Zu Betlehem geboren (GL 239)

Der Evangelist Lukas erzählt weiter:
In dieser Gegend lagerten Hirten auf freiem Feld und hielten Nachtwache bei ihrer Herde. Da trat ein Engel des Herrn zu ihnen und die Herrlichkeit des Herrn umstrahlte sie und sie fürchteten sich sehr. Der Engel sagte zu ihnen: Fürchtet euch nicht, denn siehe, ich verkünde euch eine große Freude, die dem ganzen Volk zuteilwerden soll: Heute ist euch in der Stadt Davids der Retter geboren; er ist der Christus, der Herr. Und das soll euch als Zeichen dienen: Ihr werdet ein Kind finden, das, in Windeln gewickelt, in einer Krippe liegt. Und plötzlich war bei dem Engel ein großes himmlisches Heer, das Gott lobte und sprach: Ehre sei Gott in der Höhe und Friede auf Erden den Menschen seines Wohlgefallens.

Lk 2,8–14

Lied: Engel auf den Feldern singen (GL 250)

Nach diesem Lob der Engel berichtet Lukas:
Und es geschah, als die Engel von ihnen in den Himmel zurückgekehrt waren, sagten die Hirten zueinander: Lasst uns nach Betlehem gehen, um das Ereignis zu sehen, das uns der Herr kundgetan hat! So eilten sie hin und fanden Maria und Josef und das Kind, das in der Krippe lag. Als sie es sahen, erzählten sie von dem Wort, das ihnen über dieses Kind gesagt worden war. Und alle, die es hörten, staunten über das, was ihnen von den Hirten erzählt wurde. Maria aber bewahrte alle diese Worte und erwog sie in ihrem Herzen. Die Hirten kehrten zurück, rühmten Gott und priesen ihn für alles, was sie gehört und gesehen hatten, so wie es ihnen gesagt worden war.

Lk 2,15–20

Lied: O du fröhliche (GL 238)

Besinnung

Ein Stall. Eine Krippe. Ein Kind in Windeln gewickelt. Ganz unscheinbar wird Gott Mensch. Die Umstände der Geburt Jesu sind weder perfekt und pompös. Es wirkt alles eher provisorisch. Die ersten Besucher sind einfache Hirten. Keine Spur von Glanz und Macht. Warum wird Jesus nicht in einem Palast geboren? Wäre das für den Sohn Gottes nicht viel angemessener? Die einfachen Umstände von Jesu Geburt zeigen uns: Gott wird ganz und gar Mensch. Er macht es sich nicht möglichst bequem, nein, er möchte auch die unangenehmen und schweren Seiten menschlicher Existenz erleben. Ja, sogar die Hilflosigkeit spart er nicht aus: Hilflos und klein liegt er in der Krippe. Und so muss auch bei uns nicht alles perfekt sein, auch unser Weihnachtsfest darf unperfekt und provisorisch sein. Es ist nicht wichtig, ob der Christbaum nun schief oder gerade steht, oder ob des Festessen perfekt abgestimmt ist. Jesus möchte uns nahe sein, so wie wir sind. Er möchte an allem, was das Menschsein ausmacht, teilhaben. Gott wird Mensch, um uns zur Seite zu stehen, um für uns da zu sein. Er schenkt uns seine bedingungslose Liebe und macht unsere Dunkelheit hell.

Nun können Sie in einem Moment der Stille Ihren Gedanken nachgehen oder sich über das Weihnachtsevangelium und die Besinnung austauschen.

Lied: Stern über Betlehem (GL 261)

Fürbitten

V Jesus Christus, in dieser Nacht bist du in die Welt gekommen, um uns nahe zu sein. Du bringst Licht in unsere Dunkelheit.
Dich bitten wir:

V Für alle, die in dieser Nacht und in diesen Tagen nicht zur Ruhe kommen können und im Trubel gefangen sind.
Christus unser Licht –
A Wir bitten dich, erhöre uns.

V Für alle, die sich in dieser Nacht einsam fühlen oder die nicht in den weihnachtlichen Jubel miteinstimmen können.
Christus unser Licht –

A Wir bitten dich, erhöre uns.

V Für alle, die unter Hass, Krieg oder Armut leiden und sich nach Frieden sehnen.
Christus unser Licht –

A Wir bitten dich, erhöre uns.

V Für unsere Verstorbenen, die heute ganz besonders in unserer Mitte fehlen.
Christus unser Licht –

A Wir bitten dich, erhöre uns.

An dieser Stelle können Sie persönliche Anliegen einfügen.

V Alle Bitten und alles, was uns auf dem Herzen liegt, nehmen wir nun mit hinein in das Gebet, das Jesus uns gelehrt hat:

A Vater unser im Himmel,
geheiligt werde dein Name.
Dein Reich komme.
Dein Wille geschehe,
wie im Himmel so auf Erden.
Unser tägliches Brot gib uns heute.
Und vergib uns unsere Schuld,
wie auch wir vergeben unsern Schuldigern.
Und führe uns nicht in Versuchung,
sondern erlöse uns von dem Bösen.
Denn dein ist das Reich
und die Kraft und die Herrlichkeit
in Ewigkeit.
Amen.

Segensbitte

V Gütiger Gott,
in deinem Sohn Jesus Christus bist du uns an diesem Abend und an allen Tagen unseres Lebens ganz nah.
Wir danken dir für dieses große Geschenk deiner Menschwerdung und bitten dich:

Schenke uns dein Licht und deinen Frieden.
So segne uns der gütige Gott: der Vater und der Sohn und der Heilige Geist.

A Amen.

Lied: Stille Nacht, heilige Nacht (GL 249)

Jesus, das Licht der Welt – Lichtritus

Alle haben sich um den festlich geschmückten Christbaum versammelt. Dieses Lichtritual lädt dazu ein, die Bescherung festlich und besinnlich zu beginnen. Falls der Baum nicht mit Kerzen geschmückt ist, können Sie alternativ z.B. auch Teelichter im Raum verteilen. Besonders schön ist es auch, wenn das Lied musikalisch begleitet wird.

V *An Weihnachten feiern wir die Menschwerdung Gottes: Das Licht kommt in die Welt, Jesus schenkt sich uns. Wenn wir nun Kerzen als Symbol für das Licht anzünden, danken wir Gott für dieses Geschenk und denken besonders an die, die heute nicht mit uns feiern können und an die, die schwere Lasten zu tragen haben.*

Lied: Tragt in die Welt nun ein Licht.

Zünden Sie nun reihum die Kerzen am Christbaum an (oder die Teelichter, die Sie verteilt haben). Verbinden Sie das Anzünden der Kerzen jeweils mit einem Anliegen oder einer Bitte, die Sie aussprechen. Singen Sie anschließend jeweils das Lied »Tragt in die Welt nun ein Licht«.

A1 *Diese Kerze zünde ich an für …*
(hier einen Namen oder ein Anliegen einfügen).

Lied: Tragt in die Welt nun ein Licht.

A2 *Diese Kerze zünde ich an für …*
(hier einen Namen oder ein Anliegen einfügen).

Lied: Tragt in die Welt nun ein Licht.
usw.

Beenden Sie den Lichtritus mit dem Lied und einer kurzen Stille.